Creative Directions
Mastering the Transition from Talent to Leader

灵感与热忱
从创意工作者到个性管理者

[美]贾森·斯珀林（Jason Sperling） 著
李欣洋 译

中国科学技术出版社
·北京·

Creative Directions: Mastering the Transition from Talent to Leader by Jason Sperling.
Copyright © 2021 Jason Sperling.
Published by arrangement with HarperCollins Leadership, a division of HarperCollins Focus, LLC
Simplified Chinese translation copyright by China Science and Technology Press Co., Ltd.
All rights reserved.

北京市版权局著作权合同登记　图字：01-2022-0077。

图书在版编目（CIP）数据

灵感与热忱：从创意工作者到个性管理者 /（美）贾森·斯珀林著；李欣洋译. —北京：中国科学技术出版社，2022.5

书名原文：Creative Directions: Mastering the Transition from Talent to Leader

ISBN 978-7-5046-9505-5

Ⅰ.①灵… Ⅱ.①贾… ②李… Ⅲ.①文化产业—管理—研究 Ⅳ.① G114

中国版本图书馆 CIP 数据核字（2022）第 054591 号

策划编辑	申永刚　褚福祎	责任编辑	孙倩倩
封面设计	创研设	版式设计	锋尚设计
责任校对	吕传新	责任印制	李晓霖

出　　版	中国科学技术出版社
发　　行	中国科学技术出版社有限公司发行部
地　　址	北京市海淀区中关村南大街 16 号
邮　　编	100081
发行电话	010-62173865
传　　真	010-62173081
网　　址	http://www.cspbooks.com.cn
开　　本	889mm×1194mm　1/16
字　　数	270 千字
印　　张	16.5
版　　次	2022 年 5 月第 1 版
印　　次	2022 年 5 月第 1 次印刷
印　　刷	北京盛通印刷股份有限公司
书　　号	ISBN 978-7-5046-9505-5 / G·946
定　　价	69.00 元

（凡购买本社图书，如有缺页、倒页、脱页者，本社发行部负责调换）

前言

　　说实话，我从来没有想过要成为一名创意总监。我不想西装革履地去和客户讨论设计方案、阐明预算分配或分析市场策略。我不希望给焦虑的员工做绩效评估，我也不希望在分配办公室时，由我来决定谁拥有宽敞明亮、带落地窗的办公室，谁又坐在靠近洗手间的格子间里。我只想专心做我的设计，如果幸运的话，我还能创作出优秀的作品。

　　我毕业后便投身广告行业，在不同的广告代理公司工作了几年，因为我的工作表现出色，我先后担任过创意总监、创意群总监、创意团队总负责人。每一次升职都对应着新的责任和挑战。在这之前，我主要的工作是为苹果公司撰写和设计营销方案。当我升职后，我的工作职责包括：人员管理、项目监督、客户沟通、人才招聘、预算规划、员工评估、新业务拓展，甚至督促检查工作时间表！这些工作基本和创造力无关。在一瞬间，我的世界发生了翻天覆地的变化，我从一个自由、富有想象力的创意工作者突然转变为要担负起责任的管理者。没有时间来让我过渡适应，公司也没有提供相关培训，我只能摸着石头过河。

　　大部分的艺术生都和我有着相似的经历。在学校里，教授教会了我们用炭笔来勾勒人体素描，导师指导我们策划和构思市场营销活动。但在项目管理、工作分配、时间管理、团队激励等方面，我们都不擅长。毕业后我们在各自擅长的领域工作，一些人晋升为管理者，取得了不错的成绩，收获了财富和地位。但是具有讽刺意味的是，我们也离自己的创造性思维渐行渐远。创意工作室EM & Friends的创始人兼创意总监埃米莉·麦克道尔（Emily McDowell）曾说："成为一名领导者是很多创意工作者的梦想。但是要想获得这样的升职机会，你必须非常擅长一份工作，而你擅长的工作最终与你要做的新工作可能没有太大关系。"她的话道出了其中的讽刺含义：因为我们擅长的工作，我们获得了奖励——去做另一份截然不同的工作！我们没有相关的工作经验和技能，我们也没有这方面的天赋，这就像是一场噩梦！

富有创作才华的人，大多特立独行，思维偏离常规。正是如此，我们才能带来那些打破传统、令人惊讶的创意。富有创造力的人通常受直觉、情感、想象力的支配。当感性思维过于强大就会削弱理性思维，而理性思维将推动逻辑推理、分析判断、团队协作等能力的发展，这些都是管理者必备的技能。被誉为"美国经济晴雨表"的《福布斯》杂志认为：领导者需要成为一名有效的沟通者和激励者、自我管理者、团队建设者和目标清晰的战略家。

美国流媒体巨头网飞（Netflix）公司电视剧《美女摔跤联盟》（*Gorgeous Ladies of Wrestling*）的联合执行制片人瑞秋·舒克特（Rachel Shukert）曾说："作家通常喜欢一个人安静地创作，他们常年一个人工作，这也是他们能成为作家的原因。他们可能不擅长人际交往，他们可能不适应团队工作氛围。突然有一天，当他们加入了一个编剧团队，他们可能会非常不适应这样的转变。"

创造型人才具有敏锐的思维和创新能力，他们与众不同、各怀绝技。他们通常不会墨守成规，也不会被理性思维和现实环境所限制。《从神经科学来解释创造力》（*The Neuroscience of Creativity*）的作者安娜·亚伯拉罕（Anna Abraham）在采访中说："我们需要避开康庄大道，走向布满荆棘的小径，朝着未知的、模糊的，甚至是错误的方向，我们义无反顾地去探索和冒险，这就是创新的模式。"

当谈到这个过程时，广告代理商Wieden + Kennedy的创始人丹·维登（Dan Wieden）说："混沌是唯一能真正帮助你找到创造力的朋友。"创造型人才如何将自己的创造力运用到音乐编写、小说创作、电影制作和广告设计中？你需要以敏锐的洞察力和丰富的想象力，将你的感觉、情感、故事、记忆与他人产生联结。让我们来回忆苹果公司经典的"Think Different（非同凡想）"广告活动，它说出了创意工作者的心声："向那些疯狂的人们致敬！他们特立独行，他们桀骜不驯，他们惹是生非，他们格格不入，他们用与众不同的眼光看待事物，他们不喜欢墨守成规，他们也不愿安于现状。你可以赞美他们，引用他们，反对他们，质疑他们，颂扬或是诋毁他们，但唯独不能漠视他们。因为他们改变了事物。"

这不只是一件营销工具，而是一种生活方式。当我们从一名创意工作者升职为一名管理者，在我们工作和生活的方方面面都会产生巨大的转变。我们需要调整自己的心态，其中很重要的一点是：我们需要学习与身边的人分享成功。当我们是一名创作者时，我们因为热爱而创作，这是我们与世界产生联结的方式。创作满足了自我表达和自我价值实现的需求。优秀的作品能帮助我们赢得领导的好评、客户的青睐、同行的赞誉，它会给我们带来内心深处的满足和成就感。在激烈的行业竞争中，我们力求带来与众不同的创作，在同行中脱颖而出。

正如广告代理商Goodby Silverstein & Partners联席董事长兼合伙人杰夫·古德比（Jeff Goodby）所说："要成为一名创意总监，你必须克服自己的心理障碍。多年来你为了取得项目、赢得荣誉，和身边的同事明争暗斗，你们是一种竞争关系。可是突然之间，你们成了亲密无间的战友，你需要包容和支持他们，你需要转变你的思维方式，你需要找到合适的方法来告诉他们真相，原谅他们的错误，并帮助他们在被拒绝——尤其是被你拒绝后勇敢地站起来！"

当我们成为一名管理者，我们需要重新来定义这样的关系。我们一直在"为自己创造"的本能和"超越同行"的动力下挣扎前行，现在我们需要把内心的不安全感放在一边。为了让整个团队获得成功，我们必须为其他人摇旗呐喊，我们甚至要为我们曾经的竞争对手助威。当你眼睁睁地看着其他人将荣誉带走，你需要有强大的内心力量来支撑。

温馨舒适的办公环境、自由宽松的创作氛围会激发员工的创作能力。企业在为员工提供工作场所时，应该考虑到场所形成的文化氛围、团队氛围。编剧团队的编剧会聚在一个房间写作，他们开着无伤大雅的玩笑，在轻松、愉快的氛围中讨论出优秀的剧本；广告公司的创意工作者喜欢安安静静地独立工作，他们对自己的创意津津乐道，以至于在碰撞观点时会相互生厌。他们喜欢到咖啡馆去寻找灵感，任凭自己的思绪飘散，不经意间，创意如灵光乍现。当我们从一名创作者转变为一名管理者，这样的自由已成为一种奢望。现在，我们需要尽可能地出现在办公室，我们需要融入企业文化中。自由奔放、桀骜不驯的自己已经成为过去式，我们被束缚在办公室里，这让人沮丧。就好像我们用了一辈子的素描本被换成了内页带横线的笔记本。

我们已经习惯了自由自在的工作方式，当我们晋升为一名管理者时，我们如何能让自己适应工作岗位？许多公司和组织都没有正式的计划来帮助新晋管理者，更没有为创意工作者量身定制的关于领导力的培训。我记得之前参加过一个讨论领导力的会议，有人曾说："你在快餐店得到的管理培训比在大多数创意部门得到的培训要实用得多。"对很多人而言，晋升就如同一场危险的试验。你是能奇迹般地展现出天生的领导才能，还是你注定要复制前任管理者的错误？只有当你成为一名管理者后，你才能找到答案。

即使你在自己擅长的领域取得了辉煌业绩，但是谁也不能保证你在新的岗位还能保持一如既往的优秀。事实上，很多优秀的创意工作者，他们并没有成为一名合格的管理者。因为他们还处在过去的惯性思维模式中，他们缺乏领导者的远见和胆识，他们不会给身边的员工授权。从另一方面，他们也扼杀了团队成员的创作能力和工作热情。范斯（Vans）全球创意副总裁杰米·雷利（Jamie Reilly）曾说："那些才华横溢的创作者，他们能带来最好的创意，但是他们根本不适合担任管理类职务，更不用说让他们来负责别人的事业和前途。"

冰淇淋店Jeni's Splendid Ice Cream创始人兼创意总监珍妮·布里顿·鲍尔（Jeni Britton Bauer）补充道："你因为有创作能力而来到了创意部门，但是创作能力不会带你成长为一名管理者。"我的第一任创意总监对员工缺乏起码的尊重，他经常在公众场合让员工难堪。当我因为工作小声抱怨两句，他会在我耳边怒吼，"别死皮赖脸，斯珀林！"他的粗鲁语言和古怪行为让我每天处在焦虑和不安中。我"逃"到另一家小公司里，我的老板兼任公司的创意总监。他喜欢在我们小团队里玩弄权术，他会向某位员工倾斜过多的资源，但是他对其他团队成员表现出漠不关心的态度，他从不给予我们积极的反馈。他甚至不给我任何通知和反馈，就把我的文案改得面目全非。在我从这家公司辞职后，我还遇到了形形色色的管理者，他们不仅没有担负起自身的职责，还给团队带来了负面影响。

视听设备公司Beats by Dre的首席创意官山姆·卑尔根（Sam Bergen）曾说："你的职位越高，你的责任就越大，事情就越复杂。你必须忠于自己，否则你会找不到自己的价值所在。你会每天闷闷不乐。"我们常常听说：机会是自己争取来的，错过就没有了。在面对升职加薪的机会时，你应该奋力争取吗？你需要权衡：除了升职加薪带给你的一时兴奋，你真的喜欢这个职位吗？很多人选择跳槽，因为他们觉得这是职业生涯发展的必经之路。他们认为这能帮助他们收获财富和名誉，或者他们无法忍受一起进入公司的同事成为自己的领导。在面对选择时，你需要问自己：当你成为一名管理者时，你是否会像以前那样快乐或满足？对于公司而言，也必须考虑将重要的创造型人才调到管理岗位的弊端。

还有一些有才华、有能力的人会考虑自主创业，因为这会给他们带来更大的创作自由和财富自由。每一位创业成功者的背后都有着常人无法想象的心酸和苦楚。当你开始运营一家公司，你需要学习建立财务制度、人事制度、行政制度。你需要负责：人员招聘、团队建设、客户开拓、项目预算等。方方面面的事情都需要你亲自去打理，甚至挂在大厅里的艺术品也需要由你来决定。（当然最后这一条你可能不会拒绝）

在市面上我们可以找到很多关于如何成为领导者的书籍，但是专门针对从创造型人才过渡到领导岗位者的书籍却少之又少。本书是一本智慧的集合，我们收录了业界精英的智慧结晶，力求帮助你解决成为一名创意产业的管理者所面临的各种问题。

本书将聚焦5个关键领域：

（1）人员管理
（2）领导力法则
（3）客户关系和领导关系
（4）关于创作
（5）职业生涯

无论你在创意产业的哪个领域，也无论你处在职业生涯的哪个阶段，希望这本书能陪伴你一起成长，帮助你一路前行。当我转型成为一名管理者时，我特别希望能有过来人帮我指点迷津。为本书贡献智慧的管理者也都表达了同样的想法。广告代理商Wieden + Kennedy的董事长苏珊·霍夫曼（Susan Hoffman）告诉我，她多年来一直找不到管理的方向，屡屡试错。广告代理商David & Goliath的创始人兼董事长大卫·安杰洛（David Angelo）坦言，为了让自己成为一名管理者，他花了10年时间来学习。

对我而言，成长的过程也是漫长而痛苦的。一开始我感到特别迷茫，我给身边的人带来了无尽的痛苦。在此，我要向我的团队伙伴、美术总监和财务人员致以最诚挚的歉意。在我内心深处，我知道我需要给予团队支持、分享成功、满足员工需求、赋予员工权力，我知道"服务型领导"的概念，但是在现实的工作中，我一直在苦苦地挣扎和摸索。很多时候，为了向团队证明我是一名富有创造力的领导者，我会干预员工的创作，我会画蛇添足地加入自己的观点。原作的感染力被我破坏，而我却还乐此不疲。我没有给团队成员向客户或者高层领导展示的机会，因为我担心他们能力不够；我经常和其他部门的领导争吵，因为我们的观点不统一。尽管我真诚地希望我能给团队带来正能量，带领团队成员一起进步、成长，我希望帮助他们找到工作的价值，我希望他们能为自己和团队深感自豪，但是我却因为自己的不理智，在他们的心中播下了不满和怨恨的种子。我的一位领导曾对我说："你的团队在这一年中带来了不少优秀的创作，但是创作不是工作的全部。"

本书不是一本按部就班的手册，而是一本智慧和见解的合辑，这是一本新奇、独特的管理类书籍。它通过生动形象、亲切日常的表达，以及旁征博引，带来有深度、有价值的见解。本书是为非传统管理者所写，希望它能激励你找到管理的方向，可以帮助你将公司的创造力整体提升。对于新晋管理者来说，它可以帮助你少走弯路，让你能更好地适应新的岗位。对于已经工作多年的管理者，它可以帮助你发现自身的缺点和不足。在你对他人的职业生涯造成负面影响之前，或断送掉你自己的职业生涯之前，改掉你的坏习惯吧！

我在广告行业工作了20多年，我希望能将自己的经验和教训与你们分享。本书中为我们提供见解的贡献者，他们跨越创意产业的各个领域——影视、娱乐、动漫、广告、艺术、烹饪、建筑、音像、传媒及咨询。他们来自财富500强公司，包括：谷歌、亚马逊、苹果、脸书（Facebook）[①]、Beats by Dre、范斯（Vans）、字节跳动（Tik Tok）和派拉蒙影业等知名企业。他们的职位有：创始人、总裁、首席创意官、创意总监、执行制片人、高级编辑、高级动画师等。他们是行业翘楚，是业界精英，他们在圈内享誉盛名，例如：艾娃·杜维奈（Ava Duvernay）、戴维斯·古根海姆（Davis Guggenhei）、乔·罗素（Joe Russo）、安格斯·沃尔（Angus Wall）、布莱恩·凯利（Brian Kelley）、斯科特·马德（Scott Marder）、瑞秋·舒克特（Rachel Shukert）、杰夫·贾尔斯（Jeff Giles），等等。他们曾经是优秀的创造型人才，后来他们在各自擅长的领域成为优秀的领导者，但他们中的许多人仍然在孜孜不断地积极创作中。在书中他们分享了自己的经历，他们的所见所闻、所思所感值得所有富有创造力的领导者和未来的领导者收藏。

[①] 脸书（Facebook），现已改名为元宇宙（Meta）。——编者注

当你走到人生的十字路口，不妨停下脚步，听听内心的声音，成功的路不止一条，生活是一种选择，珍惜你的选择，珍惜你的现在和未来！

让我们进入正题吧！

目录

第一部分
人员管理

1.1　将一支聚光灯分身为数支手电筒 6
1.2　不是管理几个部门，而是管理不同的人 12
1.3　似曾相识的感觉 17
1.4　否定他人的作品 22
1.5　利用镜子减少盲点 28
1.6　全力支持你的团队和项目 32
1.7　为你的团队设定现实的目标 36
1.8　让失败成为一种选择 39
1.9　坏消息的压力 44
1.10　如果有一头公牛跑进了瓷器店，请把瓷器移开 49
1.11　成就更多的"你" 53
1.12　不要把任何人看成那颗黄色的糖果 57
1.13　和员工并肩作战 61
1.14　付出100%的努力，期待10%的回报 65
1.15　如何看待员工的离职 69

第二部分
领导力法则

2.1　当冲突不可避免时，选择杀伤性最小的武器 78
2.2　有时你需要做出让步 82
2.3　对齐你的"脊柱" 87
2.4　学会授权 90
2.5　只有黑猩猩会向人群扔粪便 94
2.6　有时你需要成为一名温和的"独裁者" 98
2.7　鼓励员工表达不同意见 102
2.8　让管理多点人情味 106
2.9　成为名副其实的管理者 110
2.10　刚愎自用的管理者，将成为众矢之的 114
2.11　用你的影响力给公司创造价值 119
2.12　成为终身创意工作者是不错的选择 123

第三部分
客户关系和领导关系

3.1　平衡和客户的合作与抗衡 132
3.2　把客户和公司的利益放在个人利益之上，你需要有能力辨别孰轻孰重 136
3.3　了解决策者的真实想法 139
3.4　当你向上攀登时，不要忘记了你的团队伙伴 142
3.5　因为未知的可能性，在座的每个人都值得尊敬 147
3.6　许下坚定的誓言 151
3.7　立志成为客户的"耳语者" 155
3.8　不要把你的见解或创意当作深埋的宝藏 159

第四部分
关于创作

4.1　优秀的创作依然重要，但原因不同以往 168
4.2　拥有自己的观点很重要 172
4.3　你的指纹会在作品上留下污迹 177
4.4　保持你的观点前后一致 183
4.5　选择与人合作而不是与之抗衡 187
4.6　选择"亮剑"的时机 191
4.7　评估风险，将损失降至最低 195
4.8　获奖是偶然结果，而不是奋斗目标 200
4.9　作品不会毛遂自荐 204
4.10 如果创作能让你快乐，那就继续创作吧 208

第五部分
职业生涯

5.1　工作多一些奉献，职业发展多一些权衡 216
5.2　成为一名终身学习者 220
5.3　不要轻易地自断后路 224
5.4　高薪带来的快乐可能是短暂的 227
5.5　在度假时，切断"电源" 231
5.6　我们都需要发泄情绪的"垃圾桶" 235
5.7　在工作和生活中找到平衡点 240
5.8　当我第一次走上管理岗位时，我希望…… 245

MANAGING PEOPLE

人员管理

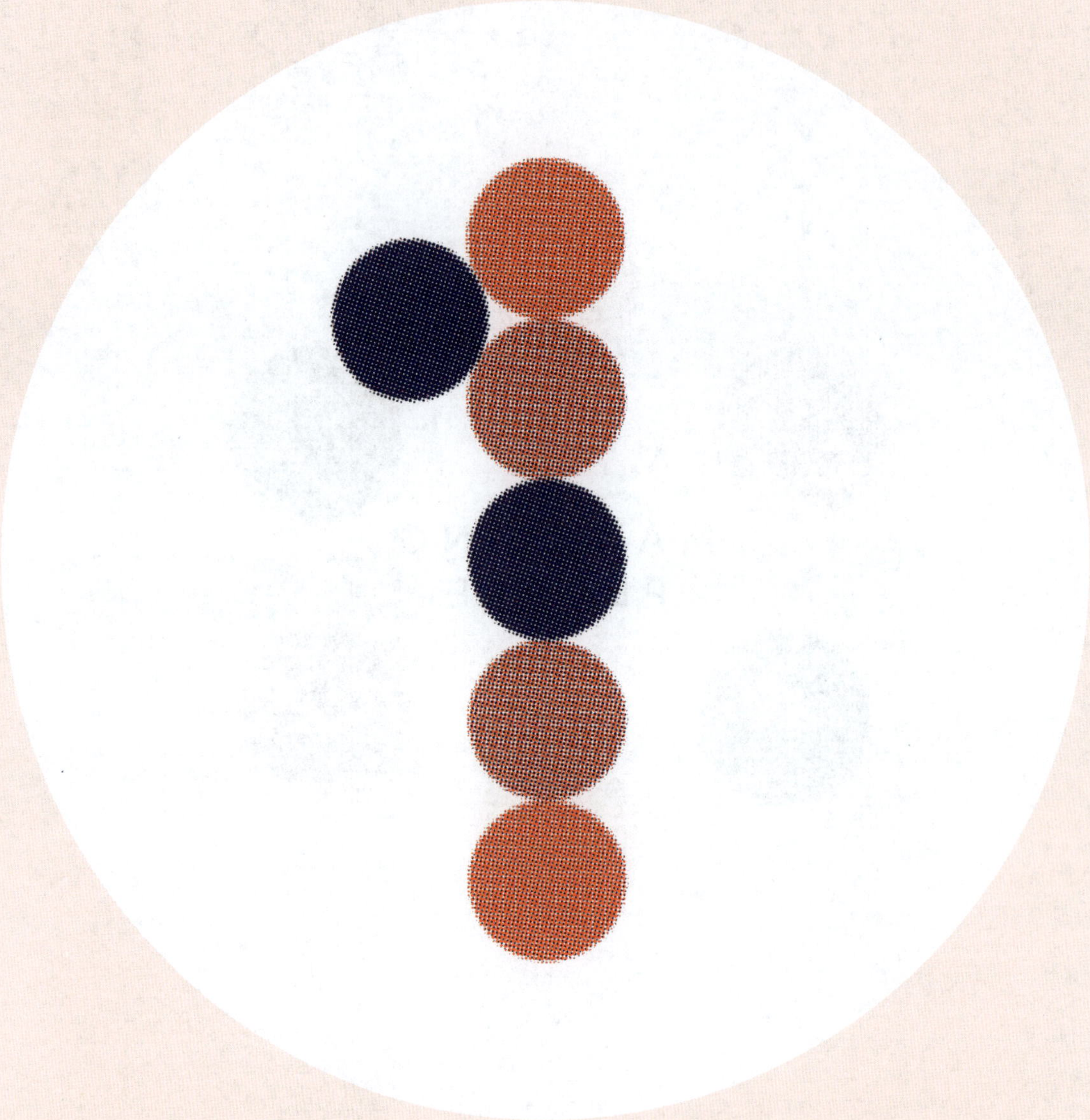

第一部分
人员管理

当你还是工艺师、艺术家或创造者时,你需要不断创新,对你来说最大的挑战就是源源不断地创新。但是现在,因为你做得很成功,单枪匹马已经不合时宜了,你需要组建一个团队,带团队可就复杂多了。团队成员需要你的监督、指导、反馈和支持。他们的抱负想法不同,才华能力不等,他们对管理也有着不同的看法。每个人的情况都不尽相同。

你的角色和工作关系已经发生根本性转变,这状况比以往任何时候都要复杂。对很多人来说,转变并非易事。当我第一次荣升经理的时候,我还认为团队成员会自动向我靠拢,提供全方位的支持和配合。我想着他们都会高效独立地完成工作,让我有更多时间专注于自己的本职工作。可事情比我想的要复杂多了。因为我的突然升迁,员工各怀心思,他们的情绪跌宕起伏。"这个情况将对我的日常情绪、成长空间和工作效率产生怎样的影响?"有的下属,之前和我是平级的,我不得不去面对他们的失落情绪;有的老员工,工作时间久了,会对工作产生倦怠;还有的创意型部门,员工都非常有才华,但他们特立独行,很难相处。为了应付各种人际关系,我每天都忙得不可开交。

正如珍妮·布里顿·鲍尔所说,"那些曾经与你共事的人,现在都在向你寻求方向,因此你的态度必须转变。"

埃米莉·麦克道尔说,"我真的不知道自己在做什么。我是公司的老板,创造了公司的等级架构,但我仍然想和每个人成为朋友。每天晚上,我都试着通过谷歌搜索引擎来研读我的工商管理硕士学位课程。"

派拉蒙影业公司(Paramount Pictures)全球营销及发行总裁马克·温斯托克(Marc

Weinstock）说道，"现在如果你想和员工一起吃个午饭，会被定义为工作餐，他们会希望你来买单。过去的时光一去不复返！"

　　晋升到管理岗位给你带来一系列全新的挑战，各种各样的压力也随之而来。对你而言，要管理全职的远程工作者，会更加棘手，如何平衡你的需求和员工的需求，给他们带来内心深处的幸福感、满足感和成就感呢？还有一些老同事也是好朋友，你们曾经在一个"战壕"里战斗，现在要如何来平衡双方的关系？你又如何来保持积极向上的工作氛围，让员工敢于突破和创新，从而获得关注和赞誉？

MANAGING PEOPLE

TRADE THE SPOTLIGHT for FLASHLIGHTS

人员管理

将一支聚光灯分身为数支手电筒

1.1
将一支聚光灯
分身为数支手电筒

对于创作者来说，目标很简单：就是要让自己成为关注的焦点。身为产品创作者，一旦你的作品被关注，才华横溢且独一无二的你，也会因此受到关注。我们在行业内能否生存下去，取决于我们创造的产品和客户、公众以及挑剔的同行对这些产品的接受程度。因此，用这样的方式来评判没有任何问题。然而，当你成为领导者，一切都需要改变。

作为一个团队的领导者，重要的是认识到"你"不再是你一个人了。领导者要避免踏入"我"的狭隘认知中，一旦陷入"我"的局限，就有可能阻碍你的职业发展。现在有一群人在等着你呢！他们需要你的帮助，需要你想出好的创意，帮助他们改进工艺，完成一系列工作，让他们也被公众所关注。他们希望得到你的倾听和支持，希望获得你的指导，希望你关心他们的个人福利，并知道他们有提升的空间。

一些领导者开始脱掉"创造者"的外衣，打开他们的知识宝库，蜕变为无私的引导者。但有的领导者还习惯于生活在聚光灯下。但请记住，你的成功和团队的成功是紧密相连的。对于那些缺乏安全感的领导者来说，他们需要成为关注的焦点，需要沉溺于自我满足之中，这有可能会引发短期乃至长期的不良后果，这些后果可能是你意想不到的。长此以往，你的团队内部的忠诚度和信任度会慢慢瓦解；团队发展停滞不前，员工对工作不满；最糟糕的是会出现创造型人才的流失。

乔·罗素
影视导演、编剧、制片人；
电视剧《废柴联盟》（Community）、
电影《复仇者联盟4：终局之战》
（Avengers 4: Endgame）导演之一；
商业创意公司Bullitt Productions创始人

我的哥哥安东尼·罗素（Anthony Russo）和我真的非常幸运。一路走来，我们遇到了很多良师益友，他们无私地帮助我们并为我们提供了很多好的建议。我们的第一部电影在斯兰丹斯电影节[①]首映后，我们遇到了美国导演史蒂文·索德伯格（Steven Soderbergh），他是我们人生的第一位导师。在接下来的几年工作中，史蒂文带领着我们，悉心指导我们的工作。有导师的指导，并不意味着一切都会向前快速发展，但导师会给予你力量，他会帮助你打下良好的基础。当我们遇到困难时，导师给予了我们莫大的支持和帮助。

杰米·雷利
范斯全球创意副总裁

作为公司的管理者，你需要聆听来自四面八方的想法。这些想法良莠不齐，有时你也会遇到特别棒的创意。你的工作就是去甄别这些创意，让不好的创意扼杀在摇篮里，让好的创意发挥到极致。至于那些已经非常卓越的个例，你可以给予充分支持和信任，让其自由生长。

不管你对团队贡献了多少力量，付出了多少心血，最后荣誉会归功于你的团队。对有的人来说，他们会觉得很难去面对。就像是一场音乐会临近尾声，台下掌声雷动，一束灯光聚焦于某位主角。灯光慢慢暗淡下去，主角对管弦乐团示意致谢。

作为公司的创意总监，即使你的形象代表了所在部门甚至是公司的形象，你也需明白："这些精美的'食物'凝聚了整个团队的心血和汗水。我只是一位'侍者'。现在只是经由我的双手，将这些精美的'食物'展现出来而已。"（我喜欢打比喻，慢慢习惯吧，后面还会遇到）这不仅仅关系到你的创作团队，还有一大群人在背后默默付出着：制片人、策略师、剪辑师、分镜艺术师等，他们给你提供强大的支持。不要忘了是他们的共同努力才使你容光焕发、光彩照人。

[①] 由众多编剧、导演和制作人于1995年成立，旨在首映新人导演的低预算处女作。——译者注

安格斯·沃尔

制片人、剪辑师；
电影《第十三修正案》（The 13th）制片人、
电影《龙文身的女孩》
（The Girl with the Dragon Tattoo）、
《社交网络》（The Social Network）剪辑师；
广告代理商Rock Paper Scissors Editorial、A52、Elastic的创始人

年纪大了，才明白一个道理，你做事的动机会改变你的一生。

在刚参加工作时你会想："我能保住这份工作吗？我可以做一些有价值的事情吗？我真的很擅长这份工作吗？"慢慢地你取得了一些成就，不需要靠你的创作去养家糊口了。当你成为团队领导，你会去琢磨："我该创建什么样的工作氛围去激发员工的创作热情，我如何能帮助员工去实现自我价值？"

当你年轻的时候，你保持着紧张的状态，你急切渴望成功。而现在，你的挑战是管理团队。你希望每个人都能实现他们的人生价值。你希望他们有自己的判断能力。有时你需要担当引领者的角色；有时你需要作为倾听者；有时需要你们一起去共创。这从来没有标准的模式。

苏珊·克雷德尔
（Susan Credle）

博达大桥广告公司（Foote Cone & Bending）
全球首席创意官

我看到一些青年才俊，他们早早进入领导岗位。他们怀有强烈的愿望，他们想证明自己有才华、有能力，他们想证明自己是靠能力坐上这个位置的。当他们谈论到自己为公司所做的贡献时，他们会变得喋喋不休；他们试图拿走所有的荣誉；他们想在每一个奖项里都分一杯羹。我认为他们所有的努力，都是为了去证明："我值得拥有今天的一切！"但是他们需明白：胸怀宽广的领导者才会得到员工的尊敬。作为领导者来说，你需要和员工分享荣誉。你要舍得卸下光环，让其他人也有机会站在聚光灯下。也许因为内心的不安全感，我们会更多地考虑自己，而忽略了他人的感受。对我而言，去管理和领导这些优秀的创作者，比我自己做出有创造性的工作更有成就感。

香农·华盛顿
（Shannon Washington）

广告代理商R/GA①执行创意总监

我不是尤达大师（Master Yoda）②，我并不完美，我还未攀上我的喜马拉雅峰。但是如果在我的帮助下，你能够渐入佳境，你能找到改善问题的办法……那么我相信我已经完成了我的工作。作为优秀的管理者，我们需要带领员工创造出优秀的作品；我们需要去挖掘员工优秀的创造力；我们需要帮助员工，带领他们去实现人生价值。

巴里·韦斯
（Barry Weiss）

唱片公司RCA/Jive前首席执行官；
UMG East Coast Lables③前总裁

对我来说，不自负自满，是我的竞争优势所在。你应该对自己充满自信，但不是狂妄自大。克莱夫·考尔德（Clive Calder）是我的导师，他曾对我说："顺风顺水不总是好事。自负情绪可能会阻碍你前进的脚步。"

布莱恩·米勒
（Brian Miller）

华特迪士尼公司（The Walt Disney Company）创意总监、全球营销总监

和从事广告业的年轻人一样，我们大多有过这样的经历。我们的某位上司把我们辛辛苦苦熬夜加班的创意变成他自己的创意推销给客户，最终这个创意被客户采纳了。我们会在心里抱怨："怎么世界上会有如此自私的领导？这份工作对于我们年轻人来说太宝贵了，它可以丰富我们的履历，它可以帮助我们获得其他工作机会。为什么我的上司要抢走这一切？"（当然，碍于情面我们不会表达得这么直白。）

---

① 隶属于埃培智集团，R/GA以出色的设计能力而著称。——译者注
② 《星球大战》（Star Wars）系列作品中的重要人物，他德高望重，曾担任绝地武士团最高大师。——译者注
③ UMG是"Universal Music Group（环球音乐集团）"的缩写，UMG East Coast Lables是环球音乐集团旗下的子公司。——译者注

> **发言总结**
>
> - 记住作为导师的重要性。
> - 让员工有发光发亮的舞台。
> - 让人们找到自己的路。
> - 帮助他人体验成功的满足感。
> - 抛开自我和不安全感。
> - 把工作潜在的荣耀留给员工。

MANAGING PEOPLE

DON'T MANAGE DEPARTMENTS MANAGE PEOPLE

人员管理

不是管理几个部门，而是管理不同的人

1.2
不是管理几个部门，
而是管理不同的人

　　玛丽亚（Maria）是一个雄心勃勃的积极进取者，她能独当一面，希望你不要指手画脚。弗兰克（Frank）有点迷糊，有时会犯错误，他希望尽可能多地与你面对面交流。埃里克（Eric）很有天赋，但无法集中注意力。文森特（Vincent）不相信你说的话，而埃米莉（Emily）是你最大的粉丝。这是一个创意团队，每个成员都有不同的性格、动机、风格、心态和目标。对于有创造力的人才来说，你不能采用统一的标准来管理。你需要尊重和理解他们之间的差异。这一点非常重要，它影响了你在员工心目中的地位。

　　创造型人才因为不同的生活背景，他们有不同程度的心理承受力和抗压能力；他们有不同的工作方法；他们有不同的动机和偏好。管理者需要有同理心，去意识到每个人的独特性和创造力。当面对不同的个体，你说话的方式要做出相应的调整，这样你才会调动起每个人的积极性。

　　例如，你要求某人连续两个周末加班，或者你需要告诉某人短期内取消了加薪和职位升迁。你会在心里猜测：文森特的反应可能会比埃米莉更强烈，你需要单独向他解释，并且采取不同的激励方法。你可以给文森特几天正常休假以外的假期；你也可以给埃米莉承诺一年以后更大的升职机会。他们会更容易接受这个事实。他们的人格特质、生活环境以及他们在做出决定时的心态，决定了你该说什么和怎么说。

作为一名管理者，你需要去倾听员工的担忧、不满，你需要尽你所能去帮助他们。也许他们讨厌自己的工作环境，想要一个新的伙伴；也许他们因为远程工作产生了不安全感和焦虑；也许他们希望得到更多的工作机会，以此来证明自己的工作能力；也许他们觉得压力太大，希望减少一些工作。你需要耐心地倾听，反思他们说过的话，并积极地采取行动。当员工开始为自己的行为辩护，或当他们威胁着要离开公司的时候，你的处理方式尤为关键。

采取个性化管理是关键。如果你采取单一的管理模式，你很可能会疏远和孤立一些员工；你无法构建积极和谐的工作氛围；你会失去激励他人的机会。如果你试图让员工符合你的工作风格和个性，他们也许会一时勉强同意，但他们最终会因为你对他们缺乏理解，而对你产生怨恨。

苏珊·霍夫曼

当我第一次成为团队领导，我才发现每个人是多么不同。我不知道如何去管理他们。有的员工不适应环境；有的员工很叛逆；有的员工还没长大，像个孩子；有的员工学富五车，对自己很有自信。没有两个人是完全一样的，你必须用不同的策略去激励他们，甚至你需要用到"鞭子"去激励。现实就是如此，如果你不明白他们是谁，他们能做什么，你永远不会知道如何去调动他们的积极性。

斯科特·马德

动画剧《瑞克和莫蒂》(Rick and Morty)、《衰女翻身》(The Mick)、《费城永远阳光灿烂》(It's Always Sunny in Philadelphia) 执行制片人

在我的编剧团队里，我会去观察每个人的性格特点。我可以很快地分辨出谁能接受拒绝，谁不能接受。有的员工不在乎被拒绝，他们会一笑而过，坦然接受拒绝。对于这类员工，我会开诚布公说出我的真实想法。而有一些员工情绪容易激动，对于这类员工，我会单独和他们沟通，而不是当众反驳他们的提议。我们会一起协商找到更好的解决办法。

我的编剧团队来自全国各地，他们有不同的生活背景和个人履历。经验丰富的编剧希望能担当重任，年轻的编剧也希望得到认可。对于新员工来说，面对其他经验丰富的员工他们可能会胆怯，你需要鼓励他们，给他们自信表达的机会。如果他们感觉到自己不受重视，他们就会更加羞于开口。这是一场游戏，你需要去营造积极、正能量的工作氛围，你需要调动起每个人的积极性，让员工都热忱地参与进来。

我很擅长和员工沟通交流。我会单独和每个人沟通，我会独立考核每个人的工作能力。对公司没有贡献的员工，很抱歉，我不能留下来。在季度末或项目中期，我可能得裁掉一些人。但我至少会先和他们面谈两次，和他们谈论我的感受，他们的不足之处以及改进的办法。如果最后他们达不到公司的考核标准，他们也已做好了被裁掉的心理准备。

埃米莉·麦克道尔

图书《恰到好处的安慰》（There Is No Good Card for This）作者之一

有些人喜欢创新和挑战。他们被新鲜事物吸引，他们保持着学习的热情。如果生活一成不变，他们就会感到厌倦。但对有的人而言，在自己熟悉的领域，会给他们带来一种安全感。他们习惯待在自己的舒适区，一旦情况发生改变，平衡被打破，他们就会不知所措。这两类人都很重要，他们都可以出色地完成工作。但是当他们面对新任务时，你需要采用不同的激励方式。

大卫·奥伊罗
（David Oyelowo）

电影《塞尔玛》（Selma）演员；
电影《远走高飞》（Come Away）制片人；
电影《水手》（The Water Man）导演

作为公司的管理者，你是选择成为一名引领者，还是成为一名独裁者？这两者之间有一条细微的分界线。当你选择成为引领者时，你需要高情商，你需要认清每个人的特别之处，洞察他们内心的需求。他们今天过得不顺心吗？他们是害羞的人吗？他们是否性格外向？他们是取悦型人格吗？他们有团队协作的能力吗？他们喜欢独来独往吗？当你理清了每个人的性格，你再来实施针对性的管理方案。这会给你的团队带来至关重要的影响。

香农·华盛顿

我曾经是一名心理医生，从事心理脱瘾治疗。我的团队成员都很信任我，当他们伤心难过时，我会借一个肩膀让他们依靠。在团队里面，有的人性格非常脆弱，他们喜欢沉浸在自己的世界里。为了从他们身上得到好的创意提案，我会指引帮助他们，带领他们向上成长。因为和他们的朝夕相处，我也发展了自己解决冲突的能力。我会为他们营造一个良好的工作氛围，帮助他们孕育出好的作品。

布莱恩·米勒

在同样的家庭环境中长大的兄弟姐妹，虽然父母给予了同样的照顾和教育，但孩子们成年后性格往往截然不同。管理员工和养育子女非常类似，有时候你给予了他们相同的激励手段，但他们会用不同的方式来解读，他们的工作表现会截然不同。你需要花费更多的时间、更多的精力去了解每个人。你需要依据每个人的性格特点去管理。最终你会看到，所有的付出和努力都是值得的。

发言总结

- 创造型团队由多种类型的人才组成，他们个性不同且对职业道德的理解不同。
- 当你说话时，你需要斟酌你所说的话带来的影响。
- 不同的人可能会对你说的话做出不同的解释。
- 为每个人量身定制不同的管理风格。
- 和员工建立良好的私人关系可能会提高团队的创造力。
- 认真对待每位员工，付出更多努力，回报也可能会更多。

MANAGING PEOPLE

REMEMBER THE FEELING

人员管理

似曾相识的感觉

1.3
似曾相识的感觉

请允许我做一个假设，我们都不是含着金钥匙出生的。我们没有在刚开始工作时就成为管理者。你一步步从基层做起，经过多年工作经验的积累和不断学习总结，才有了今天的成就。一路上你跌跌撞撞克服了不安全感和恐惧，你变得更加自信、有魄力。你丰富的阅历是一笔无形的财富。你的员工遇到的挫折和挑战，你也曾经遇到过。这种感觉似曾相识，你能很好地理解他们的处境。你可以从你的经验出发和他们谈论这些相似的经历，这样做会拉近彼此的距离。

这些经历在你脑海里复苏，慢慢变得清晰起来。初入职场的你走进主管的办公室提交文案时，非常紧张焦虑；当听说要裁员时，你的内心惶恐不安；当非常喜欢的想法被扼杀时，你备感失落。还记得当时的这些感受吗？现在你要做出任何决定时，请回忆你当时的感受。如果你处在他们的处境中，你会怎么做？这将帮助你做出更好的决定。你做出的决定会对你的员工产生深远的影响，你的行为也代表了你是否关心着为你工作的人。

如今很多管理者会利用自己的经验和同理心来做决策。他们会站在员工的立场来思考。他们能够用曾经的经历和员工产生关联，他们明白自己会对员工产生深远的影响。如果你正准备滔滔不绝地向员工发表演讲，请先看看别人会怎么说。这会帮助你向成功的管理者迈近一步。

艾娃·杜维奈

电视剧《蔗糖女王》（Queen Sugar）编剧；电影《有色眼镜》（When They See Us）、《塞尔玛》、《时间的皱纹》（A Wrinkle in Time）导演

我每天的工作都是和人打交道，但这并不意味着我的想象或艺术实践能转化为优秀的管理能力。我认为这是对"优秀管理者"一词含义的质疑。作为女性，重新定义这一概念很重要。对我来说，我不需要像男性那样。我可以更温柔、更有眼光、更富有情感。艺术家会因为一些事情而受到批评，但我认为如果运用得当，也可以为你加分。在你还没有表达之前，你就能感知到你所说的话将产生的影响，你会调整你的思路和表达。你会让员工感受到他们是团队里不可或缺的一部分。你要发挥你的想象力，当然最重要的是你需要去感同身受。这将帮助我们去重新定义什么是优秀的管理者。

最近在我的编剧团队里发生了一件事，一位新制作人指派一位年轻编剧去校对一位资深编剧的作品。当我对她说："你不觉得这会让那位资深编剧感到难过吗？"她回答说："我只考虑尽快把工作完成。"这样的回答让我大吃一惊。作为一名管理者，你需要设身处地为员工考虑，而不仅把他们当作棋盘上的棋子。

我相信大多数艺术家和创造型人才都有一种内在的同理心和一种内在的正义感，他们会用艺术家的敏感去捕捉美好的瞬间。我们要有足够的勇气去呈现人性中柔软的部分，并且将它运用到管理中。我试图在这方面以身作则，我也鼓励我的员工这样去做。给人们以温柔的一面，给员工足够的空间，这就是我和员工的相处之道。

但是这并不意味着我是一个容易被说服或无原则的人，我只是认为我们需要去重新定义和习惯新的领导模式。越来越多的管理者使用这样的方法，它们可以让我们和员工更好地相处，它们会激发员工更大的创造力。

苏珊·克雷德尔

当我刚开始工作时，我很焦虑。对于新员工来说，资源特别稀缺。我会在心里想：这可能是我最好的搭档；这可能是我最后一位大客户了；这可能是我最后一次机会了；这可能是我最后一件优秀作品了。作为一名创意工作者，你会感受到资源严重稀缺。当你位于马斯洛需求层次的底端，你有求生的本能，你会因此去创作出优秀的作品。

当我成为一名管理者后，我遇见了很

多有才华的人，我可以参与很多共创的项目，我可以从不同的客户那里获得很多机会。从前的工作状态让我更能理解我的员工。我会更慷慨，我会尽可能考虑他们的处境，我会给予他们全方位的支持。当员工得到满意的反馈后，当他们创作出优秀的作品后，我的工作也更轻松。

罗恩·拉齐纳
（Ron Radziner）

设计公司Marmol Radziner Architects总裁

我一直在努力思考："当我做这件事的时候是什么感觉？"我必须这样做，我必须弄清楚：对于员工来说，什么是他们最看中的？当你了解了他们的想法和感受，你才能成为一名优秀的管理者。

如果我需要和某位员工谈话，我会先找到这位员工的直属经理。对于中层管理者来说，他希望受到尊重。你要意识到是他在管理这个团队。我会先和这位经理交流，当我了解到他的想法后，我会再和相关人员一起沟通。

在某种程度上，中层领导的处境很艰难。他们没有完全的控制权。一方面他们在管理自己的团队，另一方面他们要接受上层领导的考核。为了带来优秀的作品，他们需要去探索可行性的方法。我认为这很不容易，我一直牢记这一点。

蒂姆·纳德
（Tim Nudd）

广告创意新闻网站Muse by Clio主编

多年前，当我还是《广告周刊》（Adweek）的一名初级撰稿人时，我会誓死捍卫我的作品，和我合作的编辑都觉得我是个"刺头"。在我第一次发表文章时，我会因为一个词与编辑争论不休。10年后，当另一位编辑对我写的文章删改、润色后，我告诉他把我的名字从专栏作家中删去。

当我的角色从一名撰稿人过渡到一名编辑，我自然而然开始对编辑产生更多的同理心。那些与首席女作家打交道的人，那些为别人的署名服务的人，那些让故事写得更生动的人，现在我也成了其中的一员。

我很幸运在我生命中遇到了一位优秀的编辑。她知道我的疑虑，她设法把我的故事编得更有条理。即使在我认为非常完美的情况下，她也会做小小的、令人惊讶的改进。

现在，我的目标是不惜一切代价保持原文的生命力，我尽可能不改变原文。因为我会想起20年前倔强的我，如果曾经的我不会因为这些改变而感到沮丧，那么我可能会收获更多。

发言总结

- 领导者需要有同理心。
- 记住你的感受有助于了解员工的现状。
- 你对员工的理解和共情有助于加强团队的凝聚力。
- 成为领导者是一个审视自己过去错误和不足的机会。

MANAGING PEOPLE

The delicate task

of killing babies

人员管理

微妙的任务——否定他人的作品

1.4
否定他人的作品

　　创意工作者在创作中会投入大量的心血、精力和希望，他们会把作品当作自己的"孩子"来看待，他们对作品有一种强烈的依恋感。作为公司的管理者，你有时候必须去否定他人的作品。看着自己的"孩子"被否定，他们会感到特别沮丧、失落。如果管理者的态度趾高气扬的话，他们会更加心灰意冷。作为一名管理者，你可能拥有敏锐的感知力、出色的才华和辉煌的业绩。但是如果你不能激发员工的创作热情，你不能为他们指引正确的方向，那么你就不是一名优秀的管理者。如果你的员工感受不到尊重和理解，他们会去寻找下一位伯乐。

　　你给出的反馈以及你给出反馈的方式都非常重要。长期而言，你对员工的态度会影响到员工对公司的满意度。你需要为员工制定出一条可行的路线，这有助于公司总体战略目标的达成。"否定"是一门技术活，管理者需要掌握"否定"的艺术。具体而言，你需要说明哪些是有效的，哪些是无效的；哪些是可以改进的，哪些是可以保留的。如果可能的话，你需要平衡批评和赞扬。你要避免"我一看就知道""你怎么会有这么愚蠢的想法"诸如此类的语言暴力。Ostrich Coaching + Consulting[①]的总裁珍·奥斯特里奇（Jen Ostrich）曾说："根据人们大脑处理信息的方式可以判断出：消极且有力的反馈会对人们造成非常大

---

① 一家培训咨询公司，与个人和企业合作。帮助个体发现自身优势，帮助公司创建企业文化，搭建多元化人才管理平台。该公司位于美国得克萨斯州奥斯汀。——译者注

的伤害。"

许多管理者会像三明治那样把批评夹杂在赞扬中，这是非常聪明的办法！你需要保持积极的态度和热忱，不遗余力地去赞美别人所做的一切，同时你也需要去关注他们失败的地方。

你需要把赞美他人运用到平日的工作中。你需要持续地给予员工积极的鼓励。如果他们觉得自己的创造力几近枯竭，或者他们觉得你更欣赏别人的作品，他们就会停止创造的激情。他们会缺乏安全感、怀疑自己，甚至否定自己，他们会笼罩在不确定的阴影中。他们想知道自己做错了什么。作为团队的领导者，你的几句温暖的话就能改善他们的心境。正所谓"良言一句三冬暖，恶语伤人六月寒"。

马克·温斯托克
派拉蒙影业公司（Paramount Pictures）
全球营销及发行总裁

我总是说："用甜言蜜语代替醋。"当我必须要否定一个创意想法的时候，我会非常小心谨慎地措辞，因为从某种程度上你正在扼杀别人的创造力。

我会把需要反馈的对象以及他们对这个项目的投资水平做一个整体评估。例如，我们正在发行一部电影，我向代理商、工作室负责人、媒体等提供反馈的方式可能大相径庭。我可能会对媒体人士说"不"，但我会告诉那些花了数周时间努力制作预告片的创意团队："我知道你们非常努力地工作，我很欣赏你们认真负责的态度。但是你们工作的方向可能需要做一些调整。"如果我要给主管反馈意见，我会记住这是他们的"孩子"，他们花费了很多时间和精力在这个"孩子"身上。我必须更加小心谨慎，去想如何向他们反馈。

斯科特·马德

编剧在愉悦的氛围中才能创作出有趣搞笑的剧本，我希望团队成员都能保持愉悦的心情。当我要否定他人的作品时，我会非常小心。在我的编剧团队里，如果我让他们感到难为情；或者让他们认为我是在看他们的笑话；或者让他们担心自己的工作岌岌可危，他们的工作状态会受到严重影响。我每天的挑战是对一些作品说

"不"，我需要拒绝他们的创意文案，同时我又要保证他们的创作激情，我需要尽可能地挖掘每个人的工作潜力。

有很多制片人却不这么想，他们不尊重团队成员的权力。有些编剧团队就像是新兵训练营，员工总是害怕自己会被点名或被羞辱。在我的团队里，员工有自己舒适安全的空间，他们可以想怎么疯狂就怎么疯狂，他们不用担心说了些不该说的话而被苛刻地批评。

我想让我的编剧知道，当我否定他人想法或修改一个剧本时，我不是出自个人的喜好，我是为了这部剧的最大利益而做出的决定。我需要给他们建设性而不是破坏性的建议。虽然编剧会把他们交上来的文案当作最后一稿，想着再也不用改了。但事实上，大多数文稿会被一遍遍重新定稿，他们也会习以为常。

有很多人初入编剧这一行，他们只会从朋友那里得到对自己剧本的反馈。如果他们的朋友对他们有所保留，那么他就会止步不前。在我的工作团队里，我会和员工坦诚交流、真诚沟通，我会给他们指出来怎么去修改剧本，让剧本呈现更好的效果。

在我们这一行被拒绝的概率很大，从推销自己的节目到推销剧本里的笑点。你被拒绝的次数远超出你被认可的次数。无论这些拒绝是如何被传递的，你需要有勇气去承担这一切。

克里斯·奥德
（Chris Ord）

电视剧《谍影迷情》（Covert Affairs）、
《隔离死城》（Containment）、
《与敌共谋》（The Enemy Within）、
《卫国勇士》（The Brave）、
《客车上的女孩》（Girls on the Bus）执行制片人

你每天都能听到：因为电视剧运营人员的严苛斥责，编剧伤心哭泣的故事。我和我的搭档马特·科曼（Matt Corman）从来不这样做事。我们认真对待我们的工作，我们会善待为我们工作的人。我们会聘用优秀的人才来组建编剧团队，我们努力营造和谐友好的团队氛围。编剧相互支持、鼓励，他们会一起碰撞出创意的火花。他们不会直接说"不"将对方推至门外。

我们团队里有一位资深编剧，他很擅长激励员工。他从不扼杀团队成员的创意，他会说，"让它沉寂一段时间，然后我们再回头来看看吧。"一般而言，经过一段时间的沉淀，人们会用新的眼光来重新审视它，之前提出这个创意的人也乐于看到它的改变。

瑞秋·舒克特
电视剧《美女摔跤联盟》联合执行制片人；电视剧《保姆俱乐部》（The Baby-Sitters Club）执行制片人

当他人带来优秀的创意，你需要赞美和鼓励对方，这是你需要掌握的一项最重要的技能。你要用谦逊诚恳的态度告诉他们做得很好，他们会记住你的肯定和善良。他们会更积极地投入创作中，这也会让你的工作变得轻松。如果这个创意并不是那么令人满意，你需要向他们解释原因，你需要有这方面的才能。

杰米·雷利

每个人都觉得自己的"孩子"很可爱，但大多数时候它们并不可爱。

安格斯·沃尔

如果你不得不拒绝一个剧本，你不能去质疑这位编剧的创作能力。一旦你对别人妄加评判，你就破坏了你们之间的关系。

珍妮·布里顿·鲍尔

在一个创意团队中，最让人沮丧的莫过于管理者和员工之间缺乏交流，团队的氛围死气沉沉。你也许会认为："当我看到好的创意，我才会知道我想要的是什么。"当员工总是收不到正向反馈，他们会感到沮丧，他们不知道如何去改进自己的作品，对于特别在意这份工作的他们来说，这不公平。如果你直接告诉你的员工："我想要的创意是这样的……"他们会因此找到创作的方向，这会极大地激励他们的创作热情。

古托·特尔尼
（Guto Terni）
屋顶动画工作室（Roof Animation Studio）合伙人、导演

在我的工作室，你要和那些专注于细节的人打交道。他们会花3天时间来建一个三维动画的手臂模型，他们对每一个小细节着迷。创作者投入了大量的时间、精力在作品中。这些作品都是他们的"孩子"，他们已经对此产生了强烈的依恋感。当你要求创作者们去改变和调整时，他们会觉得很困难。你必须小心谨慎，你需要了解并尊重他们的创作过程；你需要在乎他们的感受并且真诚地和他们沟通；你需要让他们知道你是出自好意，你是真心实意地为他们着想。这样，不管你做出

了什么决定，他们都会理解你。

邓肯·米尔纳
（Duncan Milner）
广告代理商Media Arts Lab前全球创意总裁

年轻的创作者通常很难理解好的作品为什么需要反复打磨。你需要接受团队里其他伙伴的提议，让作品更丰富完美；或者你需要回到最初的构思上去找寻灵感。在Media Arts Lab里流传着一句话："当你来到这里，你必须爱上建造沙堡，而不是沙堡本身。"你要去享受建造的过程。在与苹果公司合作的过程中，我们通过头脑风暴、团队共创去找寻创意灵感，我们在不断向前发展，最后呈现的作品往往都不是它最初的模样了。在大多数情况下，我们的作品经过反复修改变得更有意思。

克里斯汀·格罗弗·莫勒
（Kristen Grove Moller）
广告代理商72 and Sunny创意总监

对工作要严格，对人要友善。

迅速否定不好的创意想法，但不要否定员工的积极性。

发言总结

- 在给予反馈时要考虑对方的感受。
- 针对每个人去量身定制你的反馈方案，对投资方需采取更稳妥周到的方案。
- 考虑你的反馈对员工未来创作的影响。
- 你的反馈要真诚和有建设性，给人们指明改进的方向。
- 让时间来减轻员工对他们作品的依恋。
- 在你给予消极反馈的同时给予员工积极鼓励。
- 让员工学会面对失败，被拒绝可能会更快通往成功之路。
- 不要出于个人的原因否定员工的提案。

MANAGING PEOPLE

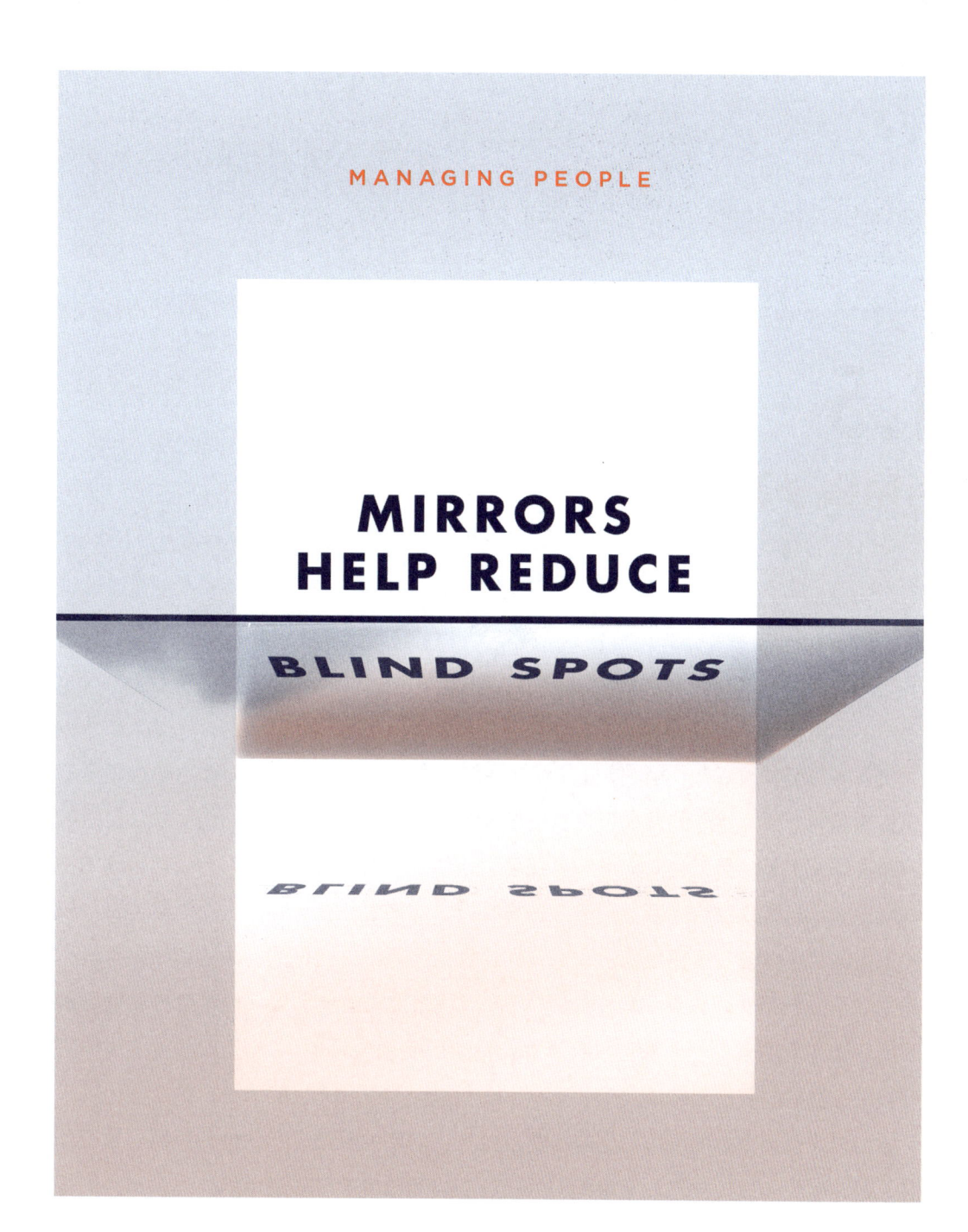

MIRRORS HELP REDUCE BLIND SPOTS

人员管理

利用镜子减少盲点

1.5
利用镜子减少盲点

所有人都有"盲点",有时候自己感觉不到,也不能预见到自己的行为举止带来的后果和负面影响。作为优秀的管理者,我们应该立一面镜子,借此来帮助员工发现自身的盲点。通过这面镜子,员工会变得更有自我意识,他们意识到自己的行为给公司带来的不良影响。比如,当某人穿着人字拖去参加客户会议,你提醒他在见客户时要注意自己的仪容仪表;当某人在办公室里播放嘻哈音乐,你告诉他这是不被允许的行为;如果某人没有提前向你请示,他临时想去参加科切拉音乐节[①]而缺席公司重要会议,他希望去度假区舒舒服服地一边泡着温泉,一边看音乐会直播,你要明确地告诉他:"先完成手里的工作吧!你可以明年提前向我提出申请。"

如何培养有创造力的员工?你需要通过诚实、坦率的反馈,帮助他们了解到自己的坏习惯,帮助他们去发现自己没有意识到的问题。当然你需要小心谨慎地处理,因为这很容易产生误会。你需要帮助员工建立自我意识;你需要尽可能用积极的方式对他们进行鼓励;你需要为他们指明清晰的前进方向。

[①] 每年在美国加利福尼亚州印第奥市举行的为期三天的节日。每年的科切拉音乐节都会吸引大量热爱音乐的人参加。——译者注

赞茜·威尔斯
（Xanthe Wells）

谷歌公司（Google）设备服务高级总监、全球执行创意总监

我记得在我之前的广告代理公司任期快结束时，我的创意总监对我说："人们总是在疯狂地抱怨你，但我们从来没有告诉过你这一切。因为你工作能力太突出了，你帮助我们一次次地赢得了新的业务。"这让我十分震惊！因为他们不想破坏我的创造热情，他们让我生活在他们的庇护之下，他们让我搞砸了同事关系！如果我不能清楚地认识自己，我又怎么能进入人生的下一个阶段呢？如果他们让我早一点意识到自己的问题，我会在事业上更进一步。

很多创意总监不给员工真实的反馈是因为他们心中有顾虑。他们不想打扰正在下金蛋的鹅[1]，他们对人不够真诚，他们没有帮员工发现自身的问题。他们担心员工不会接受别人的批评和意见，他们也担心这些负面信息会影响到员工的工作积极性。

以我的经验来看，给员工真实的反馈非常有效。他们会因为我的反馈，完全转变原来的想法或做法。在我的团队里，有一位女员工非常强势。为了确保作品的完美呈现，她会不惜一切代价。她训斥起其他人来毫不留情，同事们都痛苦不堪。我想和她开诚布公地谈一谈。一开始她很抗拒和我沟通，她说她的本意是想让作品更完美，慢慢地她开始明白自己咄咄逼人的态度给团队带来的负面影响。她决定做出改变。在那次沟通后，她对同事们开始变得友好，在事业上她也展开了新的篇章。

当员工向我们寻求意见时，我们需要真诚地说出自己内心的想法，并且对员工加以鼓励。人们常常害怕询问："我做得怎么样？"因为他们心态还不够开放，他们可能害怕听到负面评价。我们需要鼓励员工去直面自己的问题。我们需要保持公平客观的态度，并且尽可能地去解答他们心中的疑虑。

泰德·普莱斯
（Ted Price）

游戏公司Insomniac Games[2]总裁、创始人

2000年年初，在《抵抗》（*Resistance*）这款游戏刚刚面世时，我担任公司的首席

---

[1] 伊索寓言《下金蛋的鹅》中的角色，这里指可以创造利润的人。——编者注
[2] 2019年被索尼公司收购。——编者注

执行官兼游戏创意总监，我需要去制定公司的战略目标，我需要组织公司日常管理还要去构思游戏里的各种彩蛋。实际上，我在工作中遇到了瓶颈。在一些重大决策上我犹豫不决。更糟糕的是，在我做出决定后我无法解释原因。

作为创意总监来说，我不够有魄力，员工士气也受到影响，对此我并没有察觉。幸运的是，有人对我说："你不适合创意总监这个角色，你需要退一步，让其他人来决定这些游戏的创意吧！"我很感谢有人能一针见血地指出问题所在，我接受了他的建议。我的公司也因此走上了正轨，慢慢发展壮大起来。

如今，我们的公司随时都有多款游戏在同时开发，我们拥有了更有效的合作模式。员工能够更高效地去创作游戏，他们的需求也会更多地被关注到。我们的每个团队都有一个团队负责人，团队负责人向部门经理汇报工作。我们会定期（通常每周或每月）和每位员工进行一对一的谈话。为了确保每个人的问题得到解决，我们每3个月会展开一次反馈会议，我们会围绕以下3个问题展开讨论：最近你的工作进展顺利吗？你的工作在哪些方面还有改进的空间？你的下一个工作计划是什么？这些问题会引发员工展开真诚的讨论。员工急需解决的问题也会得到妥善处理。

我们设计了双向会议，我们也允许团队成员对他们的领导反馈。团队成员可以告诉他们的领导或部门经理需要改善和调整的地方。

发言总结

- 给出和获得反馈是员工成长的必要条件。
- 建立一个良好的反馈循环系统，有助于员工的成长和公司的发展。
- 反馈能让人们更好地了解自己的长处和短处。
- 具体而真实的反馈能给员工工作带来积极的影响。
- 鼓励人们主动寻求反馈。
- 根据反馈结果，督促员工对工作做出调整和改善。
- 允许团队成员评价他们的领导。

MANAGING PEOPLE

BE A STRONG ADVOCATE FOR PEOPLE & THEIR PROJECTS

人员管理

全力支持你的团队和项目

1.6
全力支持你的团队和项目

  作为团队的领导，你的职位和履历自然而然会吸引到别人的关注。你需要为你的团队发声，为他们及其项目争取到更多的支持。你要让公司高层知道在你的团队中有人为公司做出了卓越的贡献。让他们知道你的团队里人才济济。高层管理者也许不会注意到某个员工或某个项目对公司的具体贡献，作为团队负责人，你需要将这些信息有效地向上传达。你需要发现团队里优秀的人才，帮助他们争取应有的福利。也许你的一句话会改变他们的职业方向。

  如果你的员工知道你在背后默默地支持，他们也会全力以赴地来支持你的工作，他们会永远对你忠诚。这意味着员工即使领到不算太高的薪水，他们也愿意留在你身边给你带来最好的作品。

第一部分 人员管理 | 33

杰夫·贾尔斯
杂志《名利场》(Vanity Fair)执行主编；
图书《万物边缘》(The Edge of Everything)作者

当我刚到美国《新闻周刊》(Newsweek)杂志工作的时候，我发表的第一篇文章是关于涅槃乐队(Nirvana)创作专辑《别介意》(Nevermind)的故事。当时，格芬唱片公司(Geffen)认为他们的新专辑不够商业化，要求乐队重新调整混音。但是乐队不想走商业化路线，他们对名利场有一种复杂的感情。涅槃乐队希望能保持自己独立的创作风格。

当我的采访登报后，格芬唱片公司非常愤怒，在《公告牌》(Billboard)杂志上以信件的形式刊登了整版通告。信中他们说我误导了大众，他们说我不怀好意，信中还有涅槃乐队成员科特·柯本(Kurt Cobain)、戴夫·格罗尔(Dave Grohl)和克里斯·诺瓦切利克(Chris Novacelic)的联合签名。所有人都站在唱片公司那一边，《滚石》(Rolling Stone)杂志也发表了通告说那都是谎言。当时我只有27岁，我很害怕。我感到孤立无援、担忧和失落。

我记得主编让我去他的办公室和他聊聊，他态度和蔼地问了我几个问题，然后拍拍我的肩膀，对我说："别担心，一切都会好起来的，不会有事的。你是我们团队中很重要的一员，我们信任的是你，而不是格芬。"我舒了口气，我感激领导在我身边给我支持和陪伴。就好像我的父亲在我身边安慰着我："一切都会好起来的。"这对我来说，真是太重要了。

多年以后，关于涅槃乐队的一本传记清楚地证明了我报道的文章的真实性。时间可以证明一切！

马奎斯·艾弗里
(Marquis Avery)
字节跳动公司(Tik Tok)创意总监

对于管理者来说，不要吝啬你的赞美，你需要不遗余力地来鼓励你的员工。在我职业生涯早期，我很庆幸能遇到几位欣赏我的领导，他们看好我的创意项目，他们鼓励我去坚持梦想。他们的支持是我能一步步走向成功的重要因素之一。当我成为一名管理者后，我会回想这段早期的经历，我会用各种方式去赞扬我的下属。我会在公司高层会议上为他们发声；我会确保他们的优秀创意在公司的工作群里共享。有的管理者也许会担心：把功劳全让给员工会显得自己不称职，而实际上情况恰恰相反。

强调并赞扬团队成员的创意，这表明你知道如何识别、聘用和留住顶尖的创意人才。当你去帮助团队中的每个人受到关注，你也会成为被关注的中心。确保在你的组织中，自上而下形成合力。

大卫·奥耶洛沃

在成功的路上，感谢我的团队和我一路同行。作为一名演员和导演，我做事有着清晰的目标和明确的工作计划。我马不停蹄地向前奔跑，希望用我的作品给人们带来一个崭新的视角。我希望为员工创造一个平台，让他们有更多的机会可以走向成功。

布莱恩·米勒

我工作的广告代理公司，经理每天的工作量多得让人难以置信。这意味着他们没有去挖掘身边优秀的人才，他们没有将重任委以下属。对于团队的领导，这并不是一件难事，也许就像动动手指发一封邮件一样简单。在平时的工作中，我会把员工的成功作品和优秀案例实时记录下来。在季度末或年底，我就可以综合来评定员工对公司的贡献。我的团队中藏龙卧虎，他们每个人都可以独当一面。

如果你不给员工发展的机会，或者你拿设计者的创意来丰富自己的履历，员工会对你失去信任，他们会产生怨恨情绪。这会毁掉你和员工的关系。

安格斯·沃尔

你需要去鼓励员工取得成功。

你不能窃取员工的创作成果来成就内心的自我。

发言总结

- 员工会感激领导的支持。
- 赞扬别人的成就是非常重要的事情。
- 给员工晋升机会和成长空间。
- 向高层领导推荐自己团队中的优秀人才。
- 对于优秀员工，你要给予积极认可和支持，如果他们得不到认可，他们可能会选择离开。

MANAGING PEOPLE

SET REALISTIC EXPECTATIONS FOR YOUR TEAM

EVEN IF YOU HAVE IMPOSSIBLE EXPECTATIONS FOR YOURSELF

人员管理

为你的团队设定现实的目标，即使你对自己抱有不切实际的期望

1.7 为你的团队设定现实的目标

在我们的行业中，一些人会对自己抱有极高的期望，可有的期望可能根本就无法实现。我们总是用挑剔的眼光来看待自己的作品，我们会认为还有进步的空间。你的个人完美主义可能会帮助你晋升为一名管理者，但你不能用太高的标准和难以实现的目标去要求你的员工。当涉及团队成员的工作计划、时间安排和工作要求时，你需要为他们提供清晰、明确、符合现实情况的阶段性目标。

当你制订模糊的工作计划，团队成员只能去猜测，他们不知道能否让你满意。你需要清晰明确地指引他们，让他们一步步完成目标走向成功。当员工走进你的办公室和你谈论他们的工作时，对你所说的内容他们不会特别诧异，因为他们已经知道自己在这一阶段的工作是完成得出色还是不尽如人意。

（在写到这里时我感悟良深，因为我也是一位完美主义者！）

艾娃·杜维奈

我注意到，那些像我一样拼命工作的人，他们的生活方式和工作氛围不会很健康。作为公司的管理者，我全身心投入工作中，这给我带来极大的满足感。但这并不意味着我能要求其他人也这样做。每个人都要找到生活和工作的平衡点。我需要和员工达成约定：无论是在片场还是在我的办公室，你不必陪我加班。你不用在周末还挂念着工作。我会把邮件一封封编辑好放在一个文件夹里，等到周一的时候我会集中发送。在周一的早上人们就会收到上百封邮件！但是，至少我没有在周末发送它们！

埃米莉·麦克道尔

我的团队成员不需要开启疯狂加班模式，但这并不意味着我自己不会疯狂加班。在创业的头几年里，我一直工作到精疲力竭的地步，直到现在我还在恢复中。我有失眠症，我一直在工作。当我想起某些事情时，凌晨3点我还会给员工发邮件。在我心里，员工只需要朝九晚五按时打卡，他们可以在第二天上班时，打开电脑回复我的邮件即可。但是如果老板在深夜思考和工作，即使你告诉员工不要担心，员工还是会有压力。所以现在我学会了把需要沟通的事情写下来，等到第二天早上我再发送邮件。

你不能指望别人都像你这么才思敏捷，像你这么洞若观火，即使那个人是团队里最聪明、最有才华的员工。你的公司带着你鲜明的个人创作风格。但是，对于员工来说，他们可能会很难找到契合点。你需要帮助他们明确工作目标，在前进的路上为他们指引方向。你也需要找到富有工作激情、热爱创作的员工，他们天生就擅长这方面工作。如果你的员工都找不到工作状态，你就得审视自己："我给他们设定了清晰的工作目标了吗？我对他们的管理方式是不是出现了问题？"

克里斯·奥德

我的团队里每个人都很努力、上进，他们都想把电视剧做到最好。大家都在为共同的目标努力奋斗。

发言总结

- 为你的团队设定可达成的目标。
- 考虑你的行动是否会传达给团队成员一种不切实际的期望。
- 当你要求员工把事情做得"像你一样好"的时候，请降低你的期望值。
- 在绩效考核时，你需要综合考察员工的努力程度和工作业绩。

MANAGING PEOPLE

☐ make
☑ failure
☐ an option

人员管理

让失败成为一种选择

1.8
让失败成为一种选择

如果你做事一直是小心翼翼、畏首畏尾的态度，你会很难取得突破性的进展。有些看似不可能完成的任务，需要你勇敢地往前迈步。越是优秀的创意，越是需要打破常规。因为风险越大，机会也就越大。作为公司的管理者，你需要鼓励员工大刀阔斧地去创新。如果你想让员工孕育出奇思妙想，你就要给他们足够的支持，你不要介意他们没有按规矩做事。

虽然许多有才华的设计师可能会去尝试新鲜事物，但没有人一定会选择冒险。他们会在心里权衡：客户通常会为平庸之作买单；公司高管通常会青睐更符合大众审美的作品。如果他们选择去冒险，他们可能会面临降职、降薪，甚至丢掉工作的风险，他们可担当不起这样的损失。他们需要你的支持，他们在得到你的认可后才敢大胆放手去做。

此外，你的主管、控股公司以及董事会是否也有意愿承担风险？你需要征求上层领导的同意，否则你会背负来自四面八方的压力。

每个人都应该被赋予挑战的自由，披荆斩棘一路向前。如果公司里的每个人都能坦然面对失败，你的团队已经赢在起跑线上。

乔·罗素

我和哥哥共同的目标是给创意工作者提供自由创作的土壤。在我们的团队中会有导师和战略专家，他们会在员工需要的时候给予指导。

拉维·奈都
（Ravi Naidoo）
设计公司 Design Indaba 创始人

我是理科生，我攻读的研究生专业是生理学。在我20多岁时，我每天都在实验室里埋头苦干。当时，我在做一项科学研究：测量细胞中流经的电流量。对我而言，失败是平常的事情。每天我都会与失败相遇，它只是一个数据点罢了。我只要把这个数据记录下来，第二天再试一次。当失败已成为一种常态，你就会勇敢去面对它。

当我转行到创意产业时，我会坦然面对失败。对我来说，失败只是一个数据点罢了，我会对员工说："让我们从中吸取教训，然后继续前进！"失败就像是你不小心跌倒了，你需要站起来继续奋斗！英雄不是一战成名，而是在一次次的跌倒后选择重新站起来！在设计师的世界里，失败是常态。因为设计就是在原有的基础上去做实验，失败会伴随在整个设计过程中，它们也将成为我们人生中宝贵的财富！

我的设计公司在南非开普敦自由公园社区建造了一排房屋，我们为真正需要的家庭提供住所。这是一项全新的尝试，我们会考虑到新型材料的经济成本、实用价值。我们立志于让住在那里的人们更有尊严地生活。

一开始，我们的设计完全不合标准。有些材料不够结实；有些没有通过非易燃性标准；有些没有通过环境检测标准。你需要不断地尝试，在一天工作结束的时候，你会找到新的可行性方案。你要学会承担风险，对于奋斗者来说，失败意味着向成功又靠近了一步。

斯科特·马德

电视剧《费城永远阳光灿烂》从2005年开播到2019年，不知不觉已经出品到第十四季。这部爆笑喜剧的别名就是"冒险"。因为我们需要不断地创新，我们需要施展浑身解数去推动剧情的发展。如果我们趋于保守，就不会给大家带来如此多的欢乐。在我的编剧团队里，大家可以肆无忌惮地开玩笑。比如《小猫手套》(Kitten Mittens)这一集的创作灵感就来源于一句玩笑话。在宽松自由的氛围里，每个人都可以畅所欲言，他们不会担心自己说错了什么而被人笑话。

戴维斯·古根海姆

电影《朽木》（Deadwood）、
《飞跃情海》（Beyond the Sea）、
《难以忽视的真相》（An Inconvenient Truth）、
《等待超人》（Waiting for Superman）、
《吉他英雄》（It Might Get Loud）制片人兼导演

在我早期的工作中，我会害怕出错。我必须确保这个创意一定会成功，我才会下定决心去做。但是随着年龄的增长，我明白了"跟随你的创意"比"追寻成功的创意"更重要。因为从你允许自己失败的那一刻起，你才会自由，优秀的创意才会像"魔法"那样显现出来。

如果你处在一个压抑的环境里，当你说错了什么，或者说话的内容脱离了主题，别人就会觉得你很愚蠢、没有眼光、不成熟，甚至你会担心被炒鱿鱼，那么你不可能想出优秀的创意。你需要畅所欲言地说出心中的想法。也许在100个想法中，有95个点子很差劲，有4个想法马马虎虎，其中有1个是很优秀的创意。但是没有这99个想法作为铺垫，最终这个优秀的创意也不会脱颖而出。

在我的工作室，我会提供宽松自由的氛围。在会议中，我们设定了"自由说"环节，员工可以不论对错大胆地说出自己的所思所想。目前我们已经看到了一些成效，但这确实是一件困难的事情。

瑞秋·舒克特

你需要找到一个安全的地方，在那里你可以天马行空地去创想。你会带来富有创造力的优秀作品。

兰斯·詹森
（Lance Jensen）

Hill Holliday首席创意官

你要允许员工在你面前说蠢话、犯错误。你需要为他们提供一个安全的地方，让人们可以自由自在地创作。

大卫·奥耶洛沃

因为对失败的恐惧，你变得畏首畏尾。放手去做吧，失败可以助燃你的成功！

> **发言总结**
>
> - 给予员工尝试的自由很重要。
> - 失败是"教"和"学"的好工具。
> - 失败可以助燃成功。
> - "跟随你的创意"比"追寻成功的创意"更重要。
> - 不允许失败会对创造性的工作产生负面影响。
> - 风险是必要的,优秀的创意来自冒险。
> - 给予员工安全感,这是他们大胆去尝试的必要条件。
> - 你要允许失败。

MANAGING PEOPLE

THE BURDEN OF BAD NEWS

人员管理

坏消息的压力

1.9
坏消息的压力

不管你是否愿意，我们都需要把坏消息告诉员工，这是我们工作内容的一部分。有时候我们还需要在公众场合当着其他同事的面去做这样的事情。我们必须告诉员工，他们的创意不够新颖；别人的工作比他们干得更出色；这次的工作机会给了其他人；他们没有得到期望的晋升；他们期待的加薪还要等一等；甚至他们被公司解聘。虽然你已经做了十几年的创意总监，但当你去和员工说这些事，你还是觉得很难开口。因为你知道这么做会让他们失望；你会伤害他们的感情；你会削弱他们的信心；甚至还会对他们的生活产生负面影响。你同情他们的遭遇，对你来说这些坏消息像是重担压在你的肩上，你不知道怎么去向他们开口。

"否决想法"（或者像我之前提到的"扼杀婴儿"）是创造性行业中不可避免的事情。对于员工来说，当你听到创意总监或客户说"那个想法不够好"或"我不喜欢"时，你要有一种虚怀若谷的态度。你需要学会自己去判断这些点子是优秀的创意，还是平庸的想法。长远来看，这样做你会在工作中表现得更加出色。

作为一名管理者，当你必须要解聘某人时，你应该直截了当地把坏消息告诉员工。这听起来可能会很残忍，但是你的拖延不会减轻他的痛苦，无益于事。也许在短期内，他会记恨你。但是他需要借此成长，他需要去直面人生的挫折。

每个人有不同的心理承受能力。对有的人来说，这仅仅是跌了个跟头，爬起来就好，他会掸掉身上的尘土继续前行。对有的人来说，这可能会扰乱他们原本平静的生活，他们会惊慌失措或心烦意乱，他们甚至会把愤怒的矛头直接指向你。如果他们愿意听，你可以提出中肯的意见。试着让他们重新树立起信心，让他们做好准备去迎接新的挑战。当他们走出你的办公室，他们可能会感到委屈、失落，他们会笼罩在不确定的阴影中。

这一切都太难了。不幸的是，你需要充当这个坏人的角色。

瑞秋·舒克特

拒绝一个人需要高情商，我认为你可以做到。《欢乐满人间》（*Mary Poppins*）里的仙女玛丽（Mary）教授孩子们如何在受挫后寻找快乐之道时，她的态度和善，但语气坚定。你需要像她那样。你不想伤害任何人的感情，你小心翼翼地回避，你迟迟不愿意谈及这个话题，但是你的拖延于事无补。沉默和不确定只会增加人们的不安全感。对比听不到任何回音，人们更擅长去处理坏消息。

你可能会担心员工在听到坏消息后，会选择离开。也许有人会选择离开，有人会选择留下来。这不是一件容易的事，也许你会碍于情面张不开口，但是你要明白，伤害有时候是不可避免的事情。

山姆·卑尔根

你不用太正式，你可以用轻松平常的语气去和员工聊这些事，比如这样说："嘿，接下来的一小段时间，我们要来试试这个新员工的做事能力，让我们来看看他会如何做。"

兰斯·詹森

对我来说，最难的是放手让员工离开。我尊重和关心员工，我们相处得很愉快，但到了不得不说再见的时刻，我会很难接受这个事实。

在纽约，如果你失业了，你可能只需要换一个地铁站下车。但在我生活的波士顿，如果员工被解聘了，他们很可能就需要搬家。如果你的孩子正在上高二，他不想离开自己熟悉的环境，你的妻子可能也会开始抱怨，你们可能很难去适应突然的改变。

泰德·普莱斯

我身边的人都不喜欢宣布坏消息。但是作为一位优秀的管理者，为了帮助员工的成长，你需要诚实地给员工提出建设性的意见。每个人都有进步的空间，你的工作就是帮助他们认识到有哪些地方可以做得更好。事实上，他们也希望从你那里得到真实的反馈，他们想做得更好，他们需要你的意见。

然而，有的人刚晋升为公司的管理者，他们害怕诚实的批评会惹恼团队成员。他们会言过其实地夸赞员工，对于员工的错误他们会选择视而不见。他们不会说"你的工作还不够好，让我们来探讨这个问题"或者"你错过了截止日期，你需要告诉我原因"。相反，他们会选择更简单的方法，他们会回避这些讨论，让团队成员误认为自己做得很好。

这不仅会对表现不佳的团队成员带来伤害，也会对团队其他人带来伤害。当有人犯错时，你需要明确地指出来。

埃米莉·麦克道尔

我做过的最艰难的事情就是裁员。如果整个公司的人都知道要裁员的消息，他们就会像热锅上的蚂蚁，会处于不安的焦虑中。我不想让员工带着紧张焦虑去工作。当你告诉员工："第一季度我们团队业绩不佳，离我们的目标还有差距。"大家想到的第一个问题就是："我是不是会被解聘？"

因为工作是他们的安全保障，失业会意味着没有收入、没有健康保险、没有衣食住行的保障。员工会把自己的工作放在首位。

作为管理者，你必须把公司的利益放在首位。这意味着你有时不得不让员工，甚至是优秀的员工离开。这对管理者和员工来说都是很难接受的事情。你需要为员工提供足够的信息，让他们意识到公司里正在发生的事情。当坏消息不幸降临时，他们不至于感到措手不及。

即使你告诉员工"你在我这里工作很安全"，即使他们喜欢你、信任你，但是当他们感到公司发展不稳定时，他们还是会去寻找新的工作机会。

苏珊·霍夫曼

作为公司的管理者，你如何管理员工？有时候你得放手给予他们独立的机会；有时候你必须告诉他们，他们的工作还不够出色；有时你需要激励他们重新开始。我很想知道谁在这方面擅长，我认为这并不容易。

发言总结

- 传达坏消息时，态度要友善且坚定。
- 和员工沟通是关键。员工在不知情的情况下，会增加恐慌和不安全感。
- 如果合适的话，试着用积极的方式来陈述坏消息。
- 虽然听坏消息从来都不是件容易的事，但对传递坏消息的人来说同样也很困难。
- 对问题视而不见会给团队中的其他人带来负面影响。
- 作为公司的管理者，你有责任把公司的利益放在首位。

MANAGING PEOPLE

If You Have a Bull in a China Shop, Move the China

人员管理

如果有一头公牛跑进了瓷器店，请把瓷器移开

1.10
如果有一头公牛跑进了瓷器店，请把瓷器移开

如果你的团队中出现了一位雄心壮志、天赋异禀、负有使命感的优秀人才，你需要让团队去跟上他的脚步，而不是试图让他把脚步放慢来等着其他人。如果给他机会，他很有可能会做出惊天动地的事情。你需要给他空间、支持和各种配合，让他那些疯狂的想法能付诸实践。你需要帮助他消除掉前行路上的任何障碍。

当你给予他创造空间的同时，你也需要去保护团队中的其他员工，让他们不会感到工作受到威胁或尊严被践踏。你不想因为一个人太过强势，而给员工留下一段惨痛的回忆。公司和谐友好的氛围很重要。你需要尊重团队中每个人不同的工作方式。你不能因为一个人想周末加班、挑灯夜战，就让其他人陪着一起加班。你需要和他沟通，让他明白：尊重和理解其他同事非常重要。他需要更成熟、理性地看待问题。如果这位优秀人才的作品不被选中或需要修改，你要让他明白这不是世界末日，他要有直面挫折的勇气。归根结底，我们需要的是德才兼备的人。如果一个人很有才华，但是没有道德底线，对公司而言不仅很不利，甚至有危害。

玛格丽特·约翰逊
（Margaret Johnson）

广告公司Goodby Silverstein & Partners首席财务官、合伙人

在每个创意部门，你都需要一些打破常规的颠覆者，他们会挑战极限，提出全新的、不同寻常的想法，他们会颠覆我们的认知，让我们去重新审视我们的做事方式。他们创造性的思维方式帮我们赢得了奖项和新的客户。但通常而言，这些最有创意的人也是最反复无常和最情绪化的人。

在广告业里有一句话"致疯狂之人"，因为广告业在本质上是不可预测的，它甚至可能让最理智的人发疯。现在疯狂的人走进了疯狂的行业，挑战就变成了：你如何不压制他公牛般的野心，同时又确保他不会伤害其他人？我不会让一个群体去适应他，或者强迫他去降低自己的攻击性。相反，我会尽我所能，创造一个空间，让他们在各自熟悉的领域中工作。

苏珊·霍夫曼

如果这个人足够优秀，你需要给他独立的空间让他自由去探索。他需要自由地选择和掌控方向。你需要为他匹配到合适的导师，帮助他实现个人价值。

领导者应给予他足够的信任和支持。他也许会很安静地沉浸在自己的世界里；他也许性子如脱缰的野马。你需要尊重他，给他独立的空间。

兰斯·詹森

你需要那些能够胜任日常工作的人，但你也需要像伊卡洛斯[①]（Icarus）那样飞向太阳去追求梦想的勇士。当然，你需要给他们足够的保护，确保他们展翅高飞的时候，他们的翅膀不会被太阳融化。

玛格丽特·基恩
（Margaret Keene）

广告和营销传播公司Mullen洛杉矶办事处执行创意总监

你的企业遭受重创：项目落空、业绩直线下滑、团队士气严重受损。你花了几个月，甚至几年的时间建立起来的团队面临着严重的危机。

[①] 伊卡洛斯是希腊神话中代达洛斯（Daedalus）的儿子，与代达洛斯使用蜡和羽毛造的翼逃离克里特岛时，他因飞得太高，双翼上的蜡遭太阳融化，跌落水中而丧生。——译者注

对于天赋异禀的优秀人才来说，这是绝地逢生的机会，他们有如此高的天赋，他们能够以强大的力量来给予团队支持，他们能够与客户建立真正持久的关系。

在我们的行业中，竞争激烈且透明。优秀的创意和优秀的人才，大家都有目共睹。你需要给予他们足够的信任和支持，而不仅仅靠着奖金来收买人心。

马修·沃德
（Matthew Ward）

游戏制作工作室Bungie Games
创意总监、电影导演

通常情况下，一个工作室会有2～3个优秀的创作者。通常，他们会沉浸在自己的世界里创作，他们会比其他同职位的人多拿10%～15%的薪水。他们的奇思妙想会给公司带来丰厚的收益。你要给他们足够的空间去做他们自己的事情。

如果创意总监对他们不够重视或者侵犯了他们的自由空间，他们会很难静下心去创作。整个团队也会因此受到影响。

发言总结

- 创意部门需要打破传统的颠覆者。
- 为优秀的人才提供茁壮成长的自由空间。
- 为他们匹配合适的导师帮助他们实现个人价值。
- 雄心壮志和信念坚定的员工会给公司带来价值。
- 人们需要尊重他人，友好相处。重要的是，不要纵容那些会降低士气或无法与客户合作的人。

MANAGING PEOPLE

人员管理

成就更多的"你"

1.11
成就更多的"你"

本书对你来说不只是智慧的合辑，希望它能一路陪伴你。直到有一天，你的得力干将们也成为优秀的管理者。衡量你成功的一个重要指标，就是你能帮助到你的员工，让他们成为将来优秀的领导者。

有的管理者做不好管理的工作，通常是因为他们缺乏适当的培训，或者是他们当初的领导教给了他们错误的做事方式，以至于他们会在多年之后犯同样的错。

当你站在有影响力和权威的位置，你要记得你是在培育和影响下一代管理者。你应该教会他们正确的做事方法。你要重视员工培训，你要提拔优秀得力的干将。因为当你不在的时候，比如当你升迁到更高级的职位或者跳槽到下一家公司时，他们可以容易地进入工作状态并且取得成功。你的员工对你非常信赖，他们想要从你身上获取经验；他们想要在事业上更进一步；他们期望成为下一个"你"。你需要让下一个"你"同样优秀，或者更加出彩！

杰米·雷利

我曾在一家工作室工作，在那里只有创意总监才能有展示作品的机会。通常情况下，团队成员没有资格被邀请参加与高管的会谈。我当时的搭档凯文·滕林（Kevin Tenglin）看到，初级设计师从来没有与高管会面的机会，他们也没有机会展示工作，他们更没有机会去学习如何管理。

所以我们决定改变这一切。我们决定在一次与总经理的会谈上，让我们团队里的文案编辑展示她的创意文案。

我们和她合作过，她的文案写得太棒了，个人风格突出。我们想让她来展示自己的创作。我们希望高层能看到她这么努力地工作，大家能关注她的优秀作品。我们的总经理喜怒无常，有时会非常苛刻。我们担心这样的安排会让总经理不快。

在这次会议中，这位编辑条理清晰地展示了所有成果。总经理出乎意料的安静，他一直耐心地听她陈述。会议进行得很顺利，我们认为这是一次愉快的谈话。

当我们走出办公室的时候，总经理抓住凯文和我，让我们坐下。我以为他会告诉我们不要再浪费他的时间，或者我们做这些会对其他员工产生不良影响。

他却说："今天我听到那位编辑说的话，比她在这里工作一年说的话还要多。她的演讲非常成功，她的创意也很棒！我真的很喜欢你们指导年轻团队成员的方式。你们保密工作做得不错，虽然这有违公司的规定，但我会装作不知情。请你们继续保持下去。"

这完全出乎我们的意料。凯文和我最终担任了导师的角色，新员工将在我们这里实习长达一年之久，再分配到公司其他的岗位。这对我们来说也是一次成长的机会。

苏珊·克雷德尔

这是一个双向选择的时代，我们培养的人才会盯住人才市场中的优秀职位。如果他们对你的领导方式不满意，他们没有受到你的正向激励，或者他们感觉不到成长的空间，他们会选择离开。

泰德·普莱斯

我认为领导力培训非常重要。最近，我在帮助进入领导岗位的经理准备入职培训时，我发现他们完全不合格。他们曾是优秀的设计师、程序员或美术编辑，但他们很难直接过渡为一名优秀的管理者。

我们侧重于员工的软实力培训，如领导力培养、职业规划、分析及解决问题的能力。这对员工个人的综合素质要求很高，但软实力是员工在成为管理者之前应该具备的。他们很难学会在现实中如何灵活地运用这些技能。我们公司外聘了优秀的咨询导师，帮助我们从不同的角度来看待问题。同时我们公司内部优秀的资深管理者会帮助年轻的管理者，为他们的工作提供建设性的意见。我们一直在学习如何让新晋管理者更快速地成长，如何让资深管理者更有效地开展工作。这是一个需要不断学习和探索的过程。

发言总结

- 领导力培训很重要。
- 管理者要给员工提供帮助和成长的机会。
- 优秀的人才想要得到启发学习的机会。
- 你需要向高层领导展示优秀员工的才能。
- 帮助员工成长会给你带来积极的影响。
- 如果你不关注员工的发展需求，他们将会选择离开。
- 侧重于员工的软实力培训，如领导力培养、职业规划、分析及解决问题的能力。

MANAGING PEOPLE

DON'T MAKE ANYONE FEEL LIKE A

YELLOW STARBURST

人员管理

不要把任何人看成那颗黄色的糖果

1.12
不要把任何人看成那颗黄色的糖果

在星爆（Starburst）彩虹果汁软糖里，黄色的柠檬味是最不受欢迎的口味，很少有人会喜欢黄色的软糖，大部分人都钟爱粉色的草莓味。如果把员工整体看成一包彩虹糖，没有人愿意成为别人眼中那颗黄色的糖果。当然我只是用果汁软糖来打个比喻，我想说的是，如果你在工作中偏爱某个人，或者公开表示你不喜欢某个人时，你会创造一个充满敌意的工作环境，这可能会给你带来诸多问题。

作为一名管理者，如果你对员工表现出有偏见的态度，"偏见"会给你的团队带来严重的负面影响。当员工试图成为老板的"宠儿"，就会因此产生各种分歧。团队中那些野心勃勃的机会主义者，他们可能会质疑你在员工加薪和升职方面没有做到公平公正，这可能会导致他们对你产生怨恨情绪。

每个人都有自己的管理风格，管理者并不需要遵从统一的规则。但在当今的企业文化中，基于你的地位和影响力，不管你对员工感觉如何，你都需要尊敬每一个工作的人。我们中间可能会有一两颗黄色柠檬味的糖果，或者有一些我们真的很欣赏和喜欢的粉色草莓味，但是不管怎样，你需要去公平对待每一颗糖果。

伊泽瑞尔·布莱恩
（Ezreal Blaine）

在线订餐平台 Chow Now 执行创意总监

当我感觉到对员工产生偏心的那一刻，我会告诉自己："修复你的能量。"我是一个非常相信正能量的人，我要确保正能量从我开始，我再将正能量传递给我身边的人。团队成员的幸福感对我而言很重要，我会关心他们每个人。他们是谁？他们从哪里来？他们的动机和喜好是什么？了解每个人的背景会帮助我去尊重理解每个员工。

在我刚开始做团队领导的时候，我会被某位特别优秀的员工所吸引，我会和他建立密切的联系。而现在我明白：我与一些人建立联系的同时也是在疏远另一些人。因为另一些人会认为：我携着与我联系密切的人乘坐着友谊的小船驶入了港湾，而他们只能在岸上观望。

这是我作为一名管理者最难克服的事情之一。最终我养成了一种习惯，我会和每个人热情地打招呼："嘿，最近怎么样？"我会问一些有趣的问题，这些问题并不总是和工作有关，但它们却增进我和员工的感情。

戴维斯·古根海姆

几乎没有人会试图去创造一个充满敌意的工作环境。作为公司的管理者，你可能会在无意中说出一些话让员工产生了误会，因此可能会增加麻烦。你可能在和某位员工讲话时会更兴奋；你可能在某位员工提出创意想法时，表现出了轻视的态度；你可能在当下说了一个笑话，但当这个笑话被其他同事说起时会让当事人感到难堪。

作为老板我必须时刻提醒自己："记住，因为你是老板，你的言行对员工而言会更有分量。"我会努力去找到平衡，既要让每个人都说出自己的想法，又不能因为自己的坦诚让别人误会。

杰夫·贾尔斯

员工就像我的朋友、家人一样，我很难做到不偏心。当然有的员工毕业于名校，他们彬彬有礼，有良好的团队合作精神，他们创作的作品也很棒，团队里每个人都喜欢他，我也不会例外。在我们行业中我会遇到各种风格的创作者，我已经习惯了和这些"奇奇怪怪"的人一起工作。

罗布·施瓦茨
（Rob Schwartz）

广告代理商TBWA首席执行官

一旦人们忘记了这个创意文案的原作者，大家在根据这个创意文案做相应的工作时，会进入一种创作的状态中，每个人都会贡献出自己的力量。它和名誉、价值、不安全感都没有关系。只关注创意本身，会找到最好的创意。

发言总结

- 接纳包容每一个人。
- 偏爱某人会导致其他员工疏远你。
- 你可能会通过一些行为在无意中创造出一个充满敌意的工作环境。
- 记住，因为你是领导，你的言行对员工来说会更有分量。
- 有些人会比其他人更难以建立密切联系。
- 只关注创意本身，会找到最好的创意。

MANAGING PEOPLE

Make their **struggle**
your **struggle.**

人员管理

和员工并肩作战

1.13
和员工并肩作战

如果你想成为一个受人尊敬、钦佩，员工愿意为之工作的管理者，那么请记住这一点：无论你的团队正在经历什么，你需要和他们一起面对。当你意识到这一点时，你的团队成员会对你更加忠诚。管理者的角色并没有赋予你特权，而是赋予你一种责任，你需要与团队成员一起并肩作战。

你需要向员工证明：你会把他们放在首位，你愿意与他们共同进退！你为你的团队做出的牺牲，他们会铭记在心里。因为你的付出，他们也会接受那些不太有吸引力、更耗时的工作，或者他们会接受那些超出他们正常工作范围的任务。同理心是忠诚的基础。也许你的团队正在努力完成一项任务，你需要帮助他们找到更有成效的途径。为了赶在最后期限前完成任务，他们日夜不停地加班，处于崩溃的边缘。你需要像战场上的将军一样和他们肩并肩地战斗，直到黎明的曙光来临。

我并不是建议你去解决团队的所有问题，或者分担他们的工作。你需要给他们成长进步的空间，让他们去发展自己的能力，让他们去找到解决问题的方法。他们应担负起相应的责任，而不是把所有的压力都让你来扛。作为管理者来说，如果你愿意帮助他们，你愿意承担更多额外的责任，你甚至愿意去分担团队成员的压力，同时这也会加重你自己的工作负担。如果你在团队中扮演一个长期奉献的角色，对你而言，这是喜还是悲？这绝对是一个微妙的界限。别忘了，这也会为你的项目带来更多成功的机会。

莎拉·梅·贝茨
（Sarah May Bates）

广告代理商RPA副总裁、创意总监；社交软件Yay with Me创始人

作为公司的管理者，你需要激发员工的创作热情。如果你想出了一个大家都喜欢的创意。但因为现实条件的限制，这个创意很难落地。你需要发动每个人，你需要整合资源让公司员工都参与进来。我会问我团队里的每一个人，包括其他部门的员工，我们怎样才能让这个创意落地？你有什么想法？你的相机不错吧？我们用它来拍点什么吧。你会画画，对吧？你能为这个项目画点什么吗？当我的团队在周末拍摄时，我会亲自上阵，我还会去我父母的储藏室看看能否找到什么道具。你如何在资源有限甚至严重匮乏的情况下去创造条件？这可能是你带给大家关于创造力最生动的一课。

我试图将这一点灌输给团队中的每一个人：不要受到现实条件的制约，你可以去做任何事情，至少你应该去试一试！有时我们会一起学习油管（YouTube）中的教程。有时我们会利用桌上的东西进行即兴拍摄。

作为管理者，你需要和你的团队一起去创作，而不是一味发号施令。当你的团队遭遇挫折时，更能显示出你的个人魅力。你需要与员工一起去承担风雨。你需要挖掘每个人的创作潜能，你需要调动每个人的创作热情，你需要给予他们信心和勇气。当你和你的团队一起攻克了难关，你和员工之间的感情便又加深一层，你们对彼此也会更加信任。

瓦莱丽·范·高尔德
（Valerie Van Galder）

抑郁蛋糕店（Depressed Cake Shop）[①]首席执行官；
索尼影视动画公司（Sony Pictures）前营销总裁、前制片人

我希望我的团队成员会把我看成他们中的一分子，而不是说："那个做市场营销的女人又来了，她要来压榨我们了。"

作为领导，你需要增强团队的向心力和凝聚力，你需要增强团队成员之间的相互信任感。你需要制订清晰的工作目标和计划，至少你需要经常在公司出现。在员工需要的时候，你能积极地去和他们交流。我坚信"公司和项目的利益排在首

[①] 一家新兴的蛋糕连锁店，仅卖灰色蛋糕和其他烘焙产品，目的是提高人们关于精神健康问题的意识。蛋糕店的收入会捐赠给所选择的慈善机构。——译者注

位，个人利益要往后靠"。

泰德·普莱斯

当所有人都在参与游戏共创时，我们会感受到集体的力量。我们团队里有美工、设计师和音效设计师，他们负责设计界面、编写代码、配音调音等。我们中也有一些管理者以其他方式参与了共创。我们会向员工反馈在故事情节和动画设计上是否合理；我们会花时间体验参与游戏构建；我们会与团队成员讨论进展是否顺利，有哪些地方需要团队配合。我们都很投入，大家相互协作、配合默契，为了共同的目标一起努力。

作为管理者，我们必须花时间去理解员工创作的游戏内容；我们需要给予员工积极的反馈；我们需要带领员工突破设计和生产的限制，而不是只说"好吧，加油干呀"，这样的鼓励会显得空洞无力。

此外，我们也需要关注其他问题，比如团队里沟通是否顺畅？团队与外部合作伙伴的交流是否有效？当你在团队中建立起良好的沟通平台，大家相互信任，会给彼此带来安全感。

发言总结

- 和员工一起并肩作战。
- 你愿意为他们工作，同时身兼数职。
- 当事情进展不顺利时，你的处世方式将影响你在员工心中的地位。
- 积极参与、随时待命将有助于你管理团队。
- 公司和项目的需求应排在个人需求之前。
- 参与项目共创可以让你与团队保持联系，并提高作品质量。

MANAGING PEOPLE

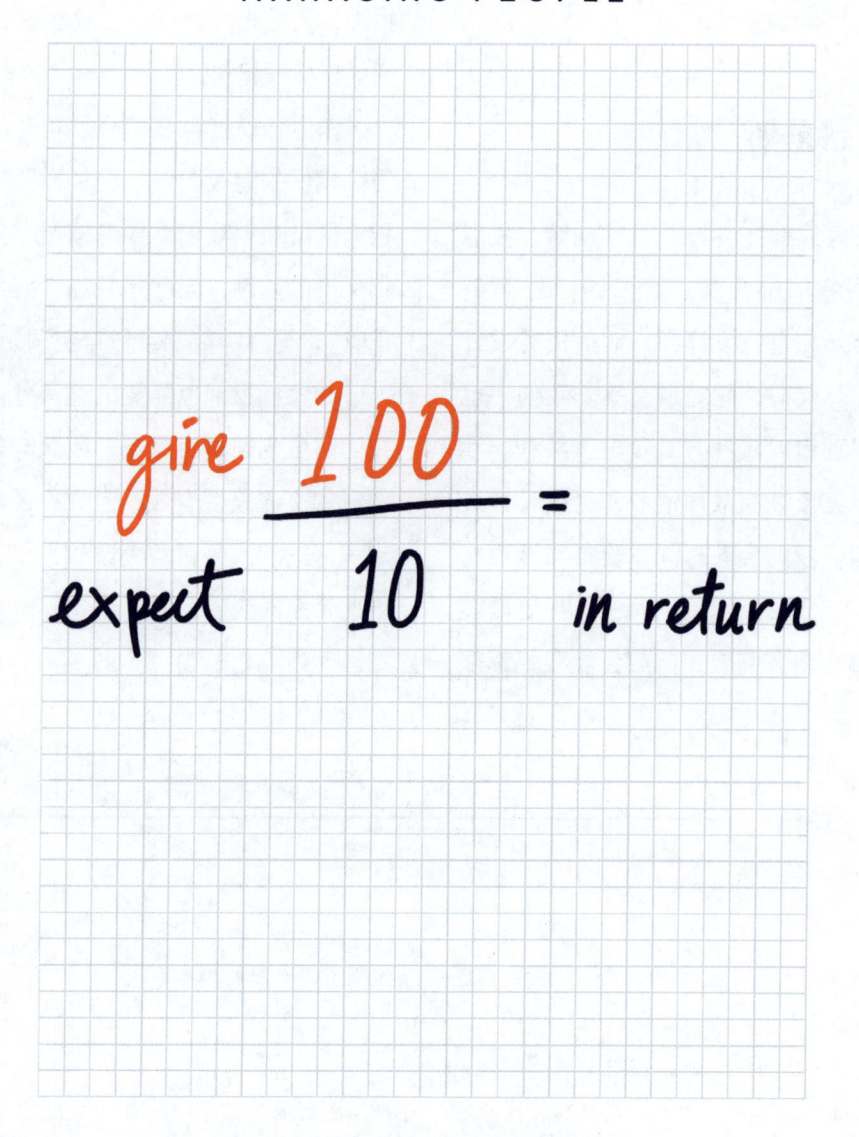

$$\frac{give\ 100}{expect\ 10} = in\ return$$

人员管理

付出 100% 的努力，期待 10% 的回报

1.14
付出 100% 的努力，期待 10% 的回报

付出不一定会有回报。作为公司的管理者，我们希望自己的牺牲、支持和奉献能让员工心怀感恩，你期待从员工那里得到深深的感激之情或矢志不移的忠诚。但现实情况并非如此，你需要降低你的期望值。

作为创意产业的管理者，你花了大量的时间和精力去培育和挖掘员工的创造力、思辨力。但从另一方面来说，你也在激励他们升起一定程度的谨慎和不信任感。鉴于大多数创新领域竞争激烈，许多人首先关注的是自己的生存和事业。

如果你的员工有其他升职加薪的工作机会，那么他们很可能会选择离开。作为领导者，你需要坦然接受这一切。你需要尊重他们的选择。你需要帮助他们成长。当你付出100%的努力，能得到10%的回报就很不错了。

你为了员工的人生成功而添砖加瓦；你为了团队的项目摇旗呐喊；你为了员工取得点滴进步而由衷喝彩。当员工走进你的办公室，告诉你，他在别处得到了一份重要的工作，你还要为他庆祝，但同时你会偷偷地咬着嘴唇，甚至咬出血。这些都是你工作的一部分。

埃米莉·麦克道尔

我和我的创业伙伴会竭尽全力为我们的员工争取各种福利。我们会创造温馨的办公环境；我们会给员工选择在家工作的自由；我们不希望员工工作到晚6点半之后。基本上，我们一直在想办法让员工的生活更美好。但对有些人来说这永远都不够。"哦，太好了，你请了一个声音疗愈师来给我们做心灵疗愈，但是现在是下午4点，疗愈师应该在下午3点来的，平时我都是下午5点下班，现在我要在这里多待半个小时了。"当员工发出这样的感叹时，你可能不知道该怎么回答。

员工常常因考虑自己的利益，而看不到你所做的事和你所做的牺牲。他们会认为你做的都是理所当然的事情。你对此感到无能为力。

在我创办公司后不久，我就打电话给库尔·克兰德尔（Cour Crandall），他是我年轻时曾就职的一家广告公司的老板。我为我当年的行为向他道歉。当年他在苦苦挣扎，他尽一切努力不让自己破产，而我却在抱怨每天没有免费早餐。我当时并不知道，我想其他员工也不知道：老板在担心着如何支付员工的工资，而员工在抱怨没有免费早餐。我认为员工不会明白，他们也不应该明白。现实就是如此，我必须记住这一点。

罗布·拉杜卡
（Rob Laduca）

动画剧《米奇妙妙屋》（*Mickey Mouse Clubhouse*）制作人；

电影《星球大战6：绝地归来》（*Star Wars Episode VI- Return of the Jedi*）视觉特效师

我身边的员工大多数跟随我一段时间后，他们会开启下一段人生旅程。我总是鼓励他们说："嘿，如果你发现了自己真正感兴趣的事情，就去做吧，你需要去追寻自己的梦想。"我就像他们的家长那样，我会看着我的孩子们去寻找自己的幸福，我不想拖任何人后腿。当员工跳槽或高就时，我不会责备他们。事实上，我会经常和他们联系，确认他们在新环境工作是否顺利。有时候，有些人走了一圈后又回到了我的身边。

瓦莱丽·范·高尔德

随着年龄的增长，我知道每个人都在自己的旅途中探索自己的人生价值。我早期的一份工作，有一个员工让我印象很深刻。她各方面非常出色，我很看好她。我尽我所能地让她知道她对我有多重要。在工作和生活中，我都给予她很多帮助和支持。

在她休了两周的假后，她突然向我递交辞职报告。我非常诧异，这说走就走太不合情理了！从此我对她失去了好感和信任。

几年后当我们再次相遇，我的脑海中闪现出再次聘用她的想法，但我做不到，因为我还记得当年遭到背叛的那种感觉。我明白，如果有人要退出，你必须让他们退出。

发言总结

- 因为员工不是老板，不会像你这样对公司进行投资，你不要期望他们能理解你的负担，并且像你这么努力。
- 你要给予员工支持，让他们获得成功和幸福，而不去考虑自己是否会有所回报。
- 你需要明白员工的行为可能并不是针对你个人。

MANAGING PEOPLE

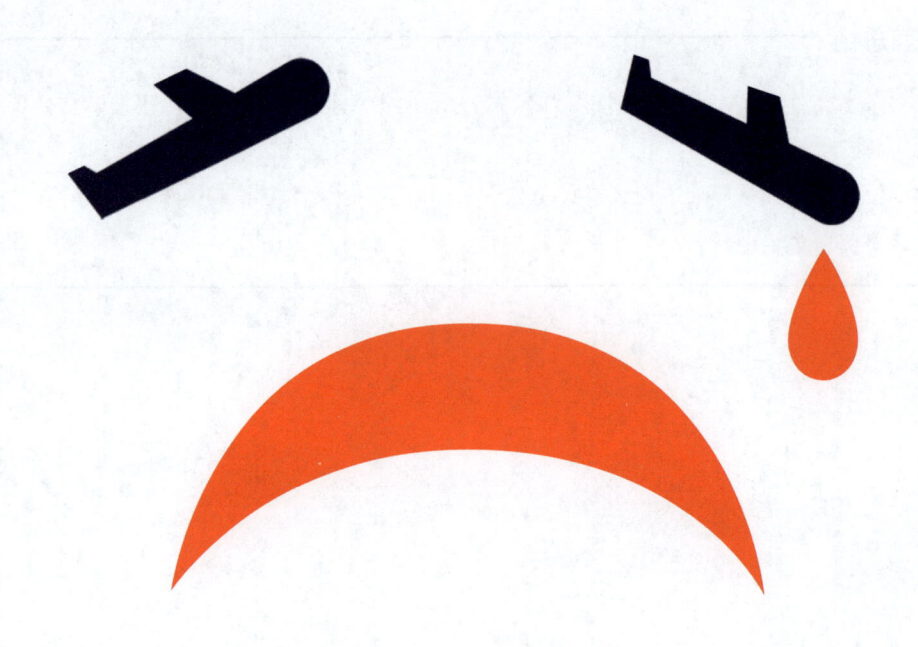

Don't take departures personally

人员管理

如何看待员工的离职

1.15
如何看待员工的离职

"你有时间聊聊吗？"有人要走了。这样的事经常在办公室里发生，大家往往会选择一份薪水更高、职位更高或者离家更近的工作。有人想搬到父母家附近；有人焦躁不安，他需要换一个环境去尝试一些新的东西。他们可能会去竞争对手那里；他们可能会自己创业；成为你的竞争对手，他们甚至可能会接替你的位置。它自然而然就这么发生了，你可能会难过、不舍。但是你需要记住，他们不是要离开你，他们是要离开现在的工作岗位。

也许他们在合同期结束后就会离开，也许他们非常优秀，你会想尽办法地挽留。你希望他们能再好好考虑考虑，但是他们去意已定。人生就是这样分分合合，也许在不久的将来你们可能会再次相遇，那时你们可能会成为行业伙伴，因此，不要因一时的冲动破坏了一段潜在的有价值的关系。

你给他们提供成长和发展的机会，你通过各种途径去激发员工的创造力，你努力营造和谐友好的团队氛围。但通常情况下，当人们看到更有吸引力的岗位，当人们听到招聘人员说"来我们这里工作吧！我们公司在各方面都会让你惊叹！你会在这里找到你人生的价值"这样的话时，很难不心动。让我们面对现实吧：有才华、有创造力的年轻人并不总是成熟的决策者。那些让他们在创造性工作中表现出色的特质，有时也会导致他们做出冲动、不理性、令人遗憾的决定。当他们做出选择时，他们可能会考虑不周全，但我们必须尊重他们的选择。与此同时，作为管理者，当他们在为我们工作时，我们需要让他们发挥出最好的一面，帮助他们成功地进入职业生涯的下一个阶段。

安格斯·沃尔

有的人已经在公司工作几十年了,但更多人选择了离开。当公司不能给员工带来他们渴求的东西,他们会选择离开。我有时会感觉很伤心,有时会感觉很痛苦,但我只能说,"很抱歉我不能带来你想要的,你去做你想做的事吧。"当有人因为更好的机会选择离开时,你会希望他们取得成功。如果他们特别优秀,你往往希望他们还能回到你身边。

有时候人们需要为离开找个借口。"企业主的压榨"会成为他们离开的理由。很不幸你被员工妖魔化,在他们心中你成了那个十恶不赦的坏人。如果他们以一种颠覆性的方式入职,他们很可能也会以颠覆性的方式离职。他们当初来公司的原因也许会变成离开的理由。

虽然你希望人们能留下来和你的公司一起成长。但你必须明白,人们有不同的追求和各自优先考虑的事情。你必须保持开放的心态,你需要明白:如果他们特别优秀,追求者就会络绎不绝地出现在他们家门口。

罗恩·拉齐纳

如果有人因为各种原因,离开我的公司去另一个城市打拼,我完全能理解。如果他们离开公司去自己创业,我也完全能理解。但如果有人离开是为了到同城的另一家公司工作,而那家公司是我的竞争对手,我就会想:"怎么了,我做错了什么吗?他们为什么要离开我?他们为什么要到那里去?"我会试着找出他们离开的理由。这样的离开会让我难过。

布莱恩·米勒

我真心希望我的团队成员都能过得好。如果他们能在别处找到他们需要的东西,那往往是因为他们在逃避什么,而不是我们的问题。如果真的是因为我们的问题,我会试图解决它,让我们的工作环境变得更美好。这听起来像是盲目乐观的波莉安娜(Pollyanna)[①]说的话,但现实就是如此。

[①] 美国作家埃莉诺·霍奇曼·波特(Eleanor H. Porter)童书《波莉安娜》(Polly Anna)里的小女孩,父母早逝,住在刻薄的姨妈家。波莉安娜用"快乐游戏法则"来忘记烦恼,努力寻找每件事里值得高兴的地方。在这个阳光女孩的感染下,每个人都玩起了"快乐游戏",整个小镇焕发出勃勃生机。——译者注

艾莉森·沃森
（Alison Watson）

唱片公司Legacy House合伙人，创始人；
音乐工作室Four Sisters Productions前总裁

我帮助员工，我带领他们一起成长。他们越来越优秀，当他们想要去面对人生更大的挑战时，他们选择离开。他们的离开会给公司带来损失。但就像一枚硬币有正反面，当导师也是令人兴奋的事情，你希望找到那些真正有才华的人，帮助他们闯出自己的事业。

在我的帮助下，我的4个实习生中有2个成立了自己的公司。我记得我曾经的员工迪伦（Dylan），他热爱音乐胜过一切，他知识渊博，待人和善。我知道他会很乐意为我的客户之———唱片公司黑盒子（Blackbox）工作。我推荐他过去工作。现在他是黑盒子公司的副总裁，和加拿大创作型歌手威肯（The Weeknd）等人合作。

发言总结

- 不管你乐意与否，人们都会选择离开。
- 你不可能让每个人都满意。你也不可能把有才华的人隐匿起来，让他的追求者望而却步。
- 当有才能的人离开时，你会感受到轻视或者背叛，你会生气或者悲伤，这些都是很自然的情绪。
- 你需要找到他们离开的原因。
- 如果你真的重视那些为你工作的员工，当他们有机会能在其他地方做他们喜欢的事情，那就帮助他们去实现梦想。

BEING A LEADER

领导力法则

2

第二部分
领导力法则

欢迎来到前线。作为一名管理者，你在团队中扮演着重要且有影响力的角色。俗话说："主帅无能，累死三军。"客户、主管和员工都依赖于你的智慧、洞察力和鼓励。

"说到领导力，你需要为公司制定战略性目标，你需要能够说服人们与你同行。"讴歌（Acura）汽车品牌负责人、前首席设计师池田强（Jon Ikeda）曾说。视听设备公司Beats by Dre的首席创意官山姆·卑尔根曾说："作为领导者，尤其是创意行业的领导者，要扛起公司的重任。"

领导力与公司发展密不可分，会对公司项目、人员稳定、员工收入以及团队成员的工作满意度产生巨大影响。作为公司的管理者你将成为人们关注的焦点，你将公司的产品与世界相连，将公司团队与其他团队对接，你将带领着员工从零走向无穷大。博达大桥广告公司全球首席创意官苏珊·克雷德尔曾说，"你的权力越大，你的影响力就越大。当你处于公司的底层时，你扬了扬眉毛，没有人会真正注意到；但当你处于公司的高层时，你扬了扬眉毛，就会成为公司的头条新闻。"

作为公司的管理者，你需要高情商来处理权责关系、人际关系和各种突发情况。这是一套全新的综合软实力，当磨炼到完美时，就会成为一门艺术。作为公司的管理者，你需要随时切换不同的角色：推销员、导师、心理咨询师……每个职位都需要不同的思维方式。当你更多地运用理性去思考时，你的感性部分如感觉、知觉、想象力就会减少。假如你是一辈子都生活在海洋里的一条人鱼，突然有一天你被带到了陆地上，那些曾经推动你在水中穿行的美丽鱼鳍将失去作用，你要学会用双腿在陆地上行走。

当我刚开始做公司的创意总监时，我没有进入管理者的状态，我还是按以前的模式开展工作。我沉浸在自我创作的空间里，我甚至会把员工当成前行路上的障碍。我让自己的不安全感占了上风，我不会鼓励下面的员工发挥他们的优势特长，直到我激起团队成员的怨恨。当他们离我而去时，我才理解了领导力的内涵。

如何调整我们的领导地位？如何运用我们的知名度和影响力？如何激励员工，让他们发挥出最好的一面？如何平衡我们的需求与员工的需求？如何与员工建立牢固的信任关系？怎样才能保持积极友好的团队氛围？

BEING A LEADER

In battle, always start with the bluntest weapon.

领导力法则

当冲突不可避免时，选择杀伤性最小的武器

2.1
当冲突不可避免时，选择杀伤性最小的武器

对管理者来说，没有人会想去挑起事端，但如果团队中确实存在冲突和矛盾，你如何应战和战斗本身同样重要。你需要明智地选择武器，并考虑冲突的后果。当冲突不可避免时，你需要选择杀伤性最小的武器，减少这场战争带来的负面影响和对他人的伤害。

你会让人产生疏远感吗？你会把公司带入危险的境地吗？你会破坏自己的信誉吗？这件事带来的长期影响是什么？作为创意工作者，我们有着丰富的感性思维。面对我们热爱的工作，我们很容易情绪激动。就像漫威英雄里的绿巨人，每当他情绪激动、心跳加速的时候，他就会变成名为浩克的绿色怪物。在剑拔弩张的气氛中，你给员工回复邮件，你情绪激动言辞激烈，甚至每句话都加了3个感叹号。

你需要冷静冷静，你需要以一种更微妙、更成熟的方式来化解矛盾。你需要想出解决方案，而不是陷入一场随时可能会升级的战争中。你可以尝试单独和员工面对面交流。当没有其他员工在场时，你可以放下领导者的姿态，更自然地去和员工沟通。你们应以和解为目标，你需要在一定程度上去妥协。在和谈之前，你可以给自己几分钟的冷静时间，让自己回归理性思考。记住，我们做的很多事都依赖于感情，你需要尽量避免因一时冲动而毁掉了你们之间的感情。

克里斯·奥德

当我们与电影公司或电视台主管在某件事上产生分歧时，我们会尽可能地找出问题所在。我们会重新解读剧本，找出矛盾的根源，然后展开讨论。当我们固执己见、陷入僵局时，我们将寻找到一种新的解决方案，一种将会让双方都满意的解决方案。

布莱恩·米勒

在必要的情况下，我会以一种礼貌的方式来捍卫我的团队。如果你想让别人同意你的观点，就从了解他们的观点开始。这不是操纵人心，而是学会理解对方。它会让我们每天的工作变得更轻松、更愉快。

埃米莉·麦克道尔

人生就是在取舍之间进行抉择，学会了舍，才能真正地得到。作为一名优秀的创意总监，你要懂得什么时候该全力争取，什么时候该果敢放弃。

在一个文案设计中，你可能会在文字大小、字体设计上力求完美。但如果你在每一件小事上都吹毛求疵，你会让员工质疑自己的工作能力，你的团队成员会渐渐失去方向感，他们会对自己没有信心，更不能发挥自己的优势特长。你要么聘用到比你更优秀、永远不会让你失望的人，要么你需要让员工乐于接受你的指导。你需要真正了解客户会注意到什么，而不是你所关注到的细节。你需要决定重点突出的内容，并授权给你的创意人员去做，这样也会让你自己的工作变得更轻松。

马特·德瑞尼克
（Matt Drenik）

唱片公司South音乐创意总监；
索尼音乐娱乐公司（Sony Music Entertainment）签约歌手

这是一场漫长的比赛，而不是一次短暂的胜利。如果你想坚持你的想法，你需要有外交官的智慧。如果我要做一张唱片，我就要知道如何在创作过程中去坚持我的主张，从写歌到录制到最后的合成——你必须坚持你的选择。总的来说，我知道人们会被什么样的音乐吸引，我会知道这张专辑什么地方最重要，这也是我创作的方向和努力的方向。

发言总结

- 当你和他人发生争执时，确定问题的根源是什么。你需要冷静下来和对方面对面交流。
- 当双方坚持己见、陷入僵局时，你需要寻找新的解决方案。
- 试着去理解对方的观点。
- 你需要调整你的策略，你要懂得什么时候该尽力争取，什么时候该果敢放弃。
- 当发生争执时，尽量做到谨慎、有策略。

BEING A LEADER

GREATNESS
NECESSITATES
COMPROMISE
(sometimes)

领导力法则

强者（有时）需要让步

2.2
有时你需要做出让步

当我们创造出优秀的作品，我们倾向于保护作品的完整性、独特性和独立性。当投资方或客户要求删减部分内容、改变作品的主题或人物关系时，他们会强势介入，而我们也会奋力抵抗，我们认为这没有妥协的余地。

事情并不总是那么简单。创意项目通常会涉及许多团队，而每个团队都有自己独特的视角。有些时候为了得到支持，你必须考虑做出让步。你需要分辨哪些是合理的要求，哪些是不合理要求，并给出相应的调整。

假设你是一位导演，你想要找到投资方来支持你的电影。但是你的电影必须在PG-13级以上[①]，才会得到电影公司的支持，因为他们希望这部电影能吸引到更多的观众（合理要求）；他们想把这部恐怖电影改编成一部音乐剧（不合理要求）；他们期望女主角由投资人的女儿出演，但是她没有学过表演，只参加过学校的话剧演出（不合理要求）。

假设你是广告公司的创意总监，你在做一个关于汽车品牌的广告。你的客户喜欢你的创意，但是觉得预算成本太高，需要你调整计划缩减成本（合理要求）；你的客户想把广告里驾车的男主角换成一位拳击手（不是特别合适）；他们想让拳击手说"好车不再触手难得，高价被我一一击破"（有笑点存在，但是并不合理）。

---

① PG-13级是美国电影协会的电影分级制度中的一种，指这部影片有可能包括不适合13岁以下儿童观看的内容。——编者注

有时候，我们需要结合对方的要求对我们的作品进行修改，我们需要加入新的元素或删减之前的内容。尽管这可能会让你感到痛苦，但你需要综合考量每个人的意见，即使他并不是专业人士。有时候，他们的建议可能会极大地改善我们的作品。有人可能会建议你加一句更有趣的台词，有人可能会指出一个你没有发现的漏洞。当一个毫无创造力的人给你提出建议，而你接受了他的建议调整了作品，最后你的作品可能非常成功，成为行业里被人传颂的经典之作。这就是创作的神奇之处，它包含了各种偶然性。一个优秀的有创造力的领导者应认真考虑其他人提出的各种建议，他们不会觉得自己的专业领域被人侵占。如果他们的提议让我们的作品更完美，那就值得我们去尝试。

迈克尔·勒热纳
（Michael Lejeune）

洛杉矶地铁运营公司（Metro Los Angeles）创意总监

我在美国第三大公共交通系统做设计研究工作，每天我会面对各种各样的客户要求，我需要做出妥协和让步。作为公司领导，我会在员工耳边念叨着"尊重客户的要求，他们的提议都有意义"，另一方面我也会在心里嘀咕着："坚持你的创意。"

我们的工作人员每年通常要完成超过2500个独立的项目。这些合作项目包括共享单车、新建铁路和公路的项目，我们需要为他们的新路线、新产品做各种宣传活动。我们会做地图、时间表、应用程序，从项目规划到项目开发设计，我们都会参与其中。我们的工作包括摄影、插图、广告文案写作，还有各种印刷品、户外产品、电子屏、车辆外观以及衍生品设计等。

每天我们都需要处理客户们的各种诉求，对应着需要修改的各种内容、时间要求等。当遇到一个固执己见的同事，他也许在临近最后期限还在想："让我们按照上次做的方式来做吧。"通常情况下，我们会把之前的方案做细微的修改，或者按照对方想要的方式做出调整，这样我们就可以把更多的精力集中到另一个急需关注的项目上。这感觉像是一种妥协，但随着时间的推移，设计师们开始接受这种应对机制。

毕竟，我们没有奢望去挑选客户和产品。顾客就是上帝，每一位客户对我们来说都同等重要，我们要像对待电视广告一样对待危险品的安全宣传海报，因为每一个请求的背后都是一个充满激情的客户，我们是合作伙伴，也是亲密战友。后来我们创造了一种妥协工具。按照我们的设计标准我们创建了大量的模板系统，我们把产品设计的PowerPoint、Word和PDF文档发给合作方，当他们在不需要新设计的时候可以自己动手找到解决方案。我们也和外部顾问达成一致协议，他们会接手处理一些我们之前设计的项目。

作为一名创意总监，我很早就意识到，我们做的工作并不是为了能得到同样的回报。你需要看到一大片森林，而不仅是一棵茂密的大树。我会分析大数据、年度财务报表和行业整体趋势。随着时间的推移，我看到了一些事情正在发生：那些曾经抵制独特的、新颖的解决方案的合作方，他们曾认为那些过于大胆的想法越过了他们的舒适区，而如今他们受我们的影响，变得乐于接受这些新颖的设计。他们会去关注这些宣传产品是否会吸引人们的关注，他们也会欣赏到我们设计的亮点。我们在繁忙的工作流程中用创意影响着人们的思维，这是令人兴奋的事情。

苏珊·克雷德尔

我记得一个创意团队在做一个项目时，他们为了每个小细节和客户争执。为了这些细枝末节，他们改了又改，到最后他们准备放弃这个项目。我对这个创意团队说，"你已经有一个冰淇淋，但就因为上面没有撒上装饰的糖霜，你就要扔掉这个冰淇淋吗？"我是想让他们把精力放在项目的重点上。后来，创意团队采纳了我的建议，这个项目做得很成功，赢得了很多奖项，他们对我说："非常感谢你，因为你的建议，我们才没有搬起石头砸了自己的脚。"

山姆·卑尔根

你要告诉人们你期望达成的愿景，以及你期望带来的价值。有些人会选择安于现状，你不能赢得所有人的支持，但是你需要说服他们中的大多数。

罗布·拉杜卡

我记得和迪士尼少儿频道的主管南希·坎特（Nancy Kanter）在一次会面时，我们一起讨论了我执导的一部动画片。在视频编辑方面，她给我指出了几点具体的修改方案。我很乐意听取她的建议，并且做出了相应的调整。后来我才知道她曾做过多年的电影编辑。

我知道很多人讨厌别人对自己的作品

指手画脚，他们会固执己见拼命抗争，但我认为任何可能使项目做得更好的改变都值得我们去尝试。无论何时当我收到他人的建议，我都会去认真思考，因为你永远不知道它们是否会改善你的项目。

乔纳森·卡文迪什
（Jonathan Cavendish）

电影《BJ单身日记》（*Bridget Jones's Diary*）、《伊丽莎白：黄金时代》（*Elizabeth: The Golden Age*）、《森林之子毛克利》（*Mowgli:Legend of the Jungle*）制片人；

电影制作公司The Imaginarium Studios创始人

制作人是一个不好当的角色，每天你会遇到形形色色的人，你需要和他们建立不同的关系。你需要眼观六路、耳听八方，你需要善于去处理这些人际关系。你选择聘用很多在各自的领域都很优秀的人，你需要倾听每个人的想法。但是你需要保持清醒的头脑，你需要有精准的判断力，你必须知道什么好，什么不好。你需要帮助他们扬长避短，发挥每个人的最大优势。

优秀的导演会清楚地知道自己想要什么。他们就像喜鹊一样，当看到路上有闪光的东西，他们会一一拾起，他们会把这些闪光点放进自己的作品中。

发言总结

- 决定什么情况下可以让步，什么情况下不应该妥协。
- 在某些事情上让步可能会让人们接受其他事情，而这些事他们通常不会考虑接受。
- 在项目中如果你固执己见，忽略了别人的想法，最终这可能给你带来负面影响。
- 不要一味妥协，但你也不能让人们陷入担忧。
- 采纳人们给出的合理建议，有的妥协可能会让你的项目变得更完美。

BEING A LEADER

align your spine

领导力法则

对齐你的"脊柱"

2.3
对齐你的"脊柱"

脊柱是人体的中轴骨骼，作为身体的支柱，它维持着我们人体的正常形态。作为身体的重要纽带，它连接着全身的神经末梢，支配着肢体的运动。如果脊柱出现病变，当你侧弯时，你会疼痛到几乎无法移动。

在我们的工作中，当团队成员的目标完全一致时，大家会进入高效的工作状态。当你周围的同事与你有着相同的信仰、激情，他们的才能与你互补时，你们将一同创作出优秀的作品。如果团队成员没有达成统一战线，大家各持己见、彼此不信任、固守着各自的领域，公司的日常工作都将极难开展。

作为公司的创意总监，你扮演着至关重要的角色。你需要组建一支紧密相连、团结一致的队伍。你需要确保团队中每个创造型人才都值得你信任，并确保他们得到了全方位的支持。这是营造公司良好氛围、提升员工工作动力的关键，这也会直接影响到团队的创作水平。

无论是公司的内部团队，还是与之合作的外部团队，大家都需要保持一致的方向。

杰米·雷利

詹姆斯·布朗（James Brown）是美国歌手，他特殊的嗓音和优秀的表演团队，再加上其独特的舞台造型、动作及舞步，令人疯狂。但他也需要一支强大的乐队来配合。

作为公司的管理者，你需要组建一个团队，你希望你的团队能像詹姆斯·布朗的表演团队那么优秀。对你而言，这意味着你将遇到一群拥有创作激情的人才。他们来自不同的背景（包括专业和文化背景），他们怀揣着不同的梦想，他们有着不同的经历。

作为创意总监，你有权决定谁为你工作，你要选择到对的人，他的作品能让你眼前一亮。当你组建起一支优秀的团队，你也拥有了一个智囊团。你的团队将给你带来各种资讯，让你和世界相连。他们可能比你更聪明，他们能与你互补，一起带来优秀的创作，他们值得你的关注。

塔拉斯·韦恩（Taras Wayner）

萨奇广告公司（Saatchi & Saatchi）首席创意官

显然，不是每个人都会相信你看到的世界。当你找到了和你有相同信仰的人，你们能一起创造出优秀的作品。

安格斯·沃尔

作为公司的管理者，你得找到你可以信任的人，相互交流、一起进步；你得找到和你合拍的人，与你互补、一起成长。无论是对公司的发展，还是对你个人事业而言，你都得找到和你目标一致的人。生命太短暂了，找到能和你一起笑的人！

发言总结

- 找到优秀的人，与你互补，一起进步。
- 团队成员怀揣着一种共同的信念。
- 一个优秀的团队对你而言非常重要。
- 信任在团队中极其重要。
- 找到和你目标一致的人。

BEING A LEADER

领导力法则

学会授权

2.4
学会授权

本杰明·赞德（Benjamin Zander）是波士顿交响乐团的常任指挥，他也是《艺术的可能性》（*Art of Possibility*）的作者。他曾说："权力会赋予人们力量。"

他把一个乐队比喻为一个完整的商业组织。弦乐、木管、铜管和打击乐声部就像是组织中的职能部门，而每个声部的首席就像是部门的经理。指挥是乐团的总监，他会把乐谱当作乐队的工作计划来执行。整个管弦乐队努力为听众带来完美的音乐享受。

作为乐队的指挥，你无须精通各门乐器。作为公司的管理者，你也不可能面面俱到。你需要得力的副手，帮你分忧。虽然你可能想亲力亲为，但这最终会降低工作效率，让员工感到沮丧。你的日程安排太满了，员工向你汇报工作要等到猴年马月。即使你抽出时间来和他们谈一谈，但是你没有足够的时间来审查他们的工作，模糊或随意的反馈对他们的工作起不到实质性的帮助。你的客户或合作方不希望与你的会议安排被延后，但是他们必须等待你从机场赶回来，或者等待你连续几轮会议结束之后。你能为你的员工做的最好的安排是让你的副手介入，为他们提供帮助。

当你在公司身居要职时，你担负的责任会更重。你需要监督更多的项目和商业方案，你需要管理更多的客户和员工。你的时间太宝贵了，如果你试图做所有的事情，这会让为你工作的人崩溃，也会让你自己崩溃。你需要决定哪些重要会议是你必须参加的，你需要划分哪些职位的主管向你汇报工作。你可以让你的副手来监督某些小规模、低风险的项目。你应该放手让他们去做，这样你就可以处理更重要、更高风险的项目。

当你授权时，你需要确保他们有权做任何决定。你需要避免团队成员绕过你的副手，直接向你汇报工作。你要向他们说清楚：你的副手就是决策者，团队成员需要尊重他做出的决定。

有了副手的帮助，现在你有时间去处理更重要的事情。对他们而言，这也能培养他们的领导力，树立他们的自信心，这对他们的职业发展至关重要。他们将学习如何管理团队、如何监督项目和如何做决策。当他们能胜任这份工作时，他们也成了优秀的管理者。

山姆·卑尔根

我喜欢把所有权、自主权和责任感赋予我的员工。当有人负责某个项目时，我会让他们有足够的自信去进行创作。无论你是在工作室里做图像剪辑、文案编辑，还是创建公司网站，你都需要有主人翁意识，全身心地投入工作，全力以赴地完成各项任务。

瑞秋·舒克特

我们中的许多人都抱着"把自己工作做好"的心态，他们没有团队协作的意识。大家的出发点可能是好的，但受自我意识的局限，他们不能创作出好的剧本。团队成员需要协同奋进，而不是争取个人的最大利益。

迈克·艾德森（Mike Alderson）

视觉工作室Man vs. Machine联合创始人兼首席创意官

授权对我来说是最难的事情。说实话，当我要处理某件事情的时候，因为我觉得我会比别人做得更好，我会自己去处理。即使我想到给人们自主权，我也很难坚持到底。

乔·罗素

你必须把工作委派给合适的人，把合适的人放在合适的位置上。你需要给他们一些自主权，并且指导和引导他们。

布莱恩·米勒

如果你不给员工授权,你会剥夺他们在工作中发表观点的欲望。员工会认为自己的任何观点、任何想法都需要事无巨细地向你汇报,当得不到你的认可或重视时,他们会想要放弃。我努力不让自己成为这样的管理者。

珍妮·布里顿·鲍尔

在我们公司有一个惯例,我们会说:"把你的名字写在上面。"我们会鼓励和赋予员工一定的责任和权利。他们不必总是正确的,但他们必须拥有自己的观点。

我们发明了一种新的华夫甜筒,叫作黄油华夫甜筒。大家都很喜欢这种新口味,人们疯狂抢购这种新甜筒。我们的零售主管说:"甜筒供不应求,我们要做的是华夫大碗。"研发团队从互联网上找到了一些灵感,但它们看起来就像是一种巨型玉米卷大碗。我告诉他们,我们的冰淇淋还是需要用甜筒,然后他们创造了一种更小的模具来装冰淇淋。而现在,这种新产品也在疯狂地销售!

虽然中间的过程很曲折,但人们会有自主权去创作。我不希望他们遇到问题都来找我,其实我们公司的大多热销品的设计都与我无关。

发言总结

- 允许你的团队拥有项目的所有权和自主权。
- 给员工机会,让他们主动去做。
- 避免事事亲力亲为。
- 授权首先要把合适的人放在合适的位置上。
- 平衡导师的指导和员工的自主创造。
- 重视员工的发声,他们会带来不同的观点。
- 在员工自主和导师参与之间找到中间地带,处理问题不要非黑即白。

BEING A LEADER

Only apes throw their poop at people

领导力法则

只有黑猩猩会向人群扔粪便

2.5
只有黑猩猩会向人群扔粪便

在动物园里，尤其是当一群人盯着黑猩猩看的时候，黑猩猩可能会感到愤怒或沮丧，它们可能会决定把这种情绪传达给它们的观众。它们会向人群扔粪便。你不是黑猩猩，当你愤怒或沮丧时，你需要承担起责任，你不能把工作中的烂摊子推给别人去处理。你不是初入职场的毕业生，你是一名成熟的领导者，你需要承担起责任。尤其在你的影响下出现的工作失误，你更要有勇气来承担。

当一支球队输了比赛，如果你是球队的教练，你对主办方或者球迷说，"这都是球员的错，是他们把事情搞砸了，和我没有关系。"如果你推卸掉所有的责任，这只会证明：在你的心中只有你自己，你不会为你的队员考虑。你的队员会对你失去信任，这会动摇你在他们心中的位置，这也会影响到你未来工作的开展。你需要勇敢地承认："这是我的原因造成的失误。以后不会出现这样的问题。"人们会因此更加尊重你。

苏珊·克雷德尔

我坚信"优秀的领导者与员工分享荣誉,承担责任"。作为公司的管理者,你需要担负起团队的责任。

推卸责任几乎是每个人的本能。当出现问题时,我们倾向于从外部去找原因,这往往让我们只看到一些表面问题。我们总是很难察觉到自己的错误,我们需要去寻找错误的根本原因。

当我们的新业务洽谈失败时,我会想:"是我做得还不够好,我应该和投资方多交流。我们的宣传片拍得还不够出色,我应该全力以赴地去跟进这个项目。"对于管理者来说:你需要保持谦卑的心态,反思自己在哪些方面可以做得更好。卓越的领导者都有一个共同特点:他们会找到方法来发现自己的失误,然后尽快重新回到正轨。根据我的经验,最好的方法就是定期反思。我喜欢自我反省,我时常问我自己:"我也会有这样的问题吗?我怎么能做得更好?"优秀的领导者会不断学习,不断反思,"我今天怎么做能比昨天更优秀?"

罗布·拉杜卡

这些年来,我一直在用心观察。有的导演或制片人,他们会用趾高气扬的态度,对员工指手画脚地说:"这都是你的错。"他们缺乏对员工的基本尊重,缺乏作为领导者的担当。制作动画电影和电视节目是一项团队工作,很多问题都不是一个人的错。

几年前,我为迪士尼公司做一个动画项目。他们在伦敦花重金买下一个工作室。制片公司对我说:"我们把你的作品给他们看,你也来看看他们做的怎么样。"不用说,他们是遇到了困难。我赶紧订机票去了伦敦。当我走进工作室,我看到大约由60人组成的工作团队。我看了他们的作品,可是他们设计的每一个迪士尼角色都不符合标准,在我的世界里这就是一种亵渎。

我没有指责他们,而是说:"让我们一起来解决这个问题吧。"我不能责怪他们,因为他们没有得到正确的指导,他们不清楚事情如何运作,我也不想让他们因此失去动力。通过我们的共同努力,我们一起解决了所有问题。后来这个项目非常成功。因为我的专业和耐心,他们对我非常尊敬,我也结交了很多新朋友。

瓦莱丽·范·高尔德

如果我的团队出了任何差错,我会承担百分之百的责任。这是我作为一名管理者的担当，我会认真对待每一次失误，这也是为什么我的团队成员都非常尊敬和支持我的原因。

我总是觉得保护他们是我的职责。当事情发展得不顺利的时候，我会主动承担责任。当我在为电影《偷拐抢骗》（Snatch）做推广时，我记得我对杰夫·布雷克（Jeff Blake）（索尼影业副董事长）说："让我按自己的方式来吧。工作室不是我带的团队，他们不喜欢我做事的方式，我愿意为自己的错误承担责任。如果我做得不成功，你可以解聘我。"谢天谢地，这招奏效了，我也成功地完成了任务。

发言总结

- 与员工分享荣誉，承担责任。
- 作为领导，你需要照顾和保护你的团队，你需要承担起责任来。
- 领导者主动承担责任，员工会因此产生忠诚感和信任感；如果领导者推卸责任，员工会对领导失去信任，他们会产生失落感和挫败感。
- 你需要拥有一个强大的信念：当事情出错时，勇于承担责任。

BEING A LEADER

Sometimes you need to be a **Benevolent Dictator**

领导力法则

有时你需要成为一名温和的"独裁者"

2.6
有时你需要成为一名温和的"独裁者"

当你对某件事怀有强烈的信念，你会认为这是唯一的选择。团队成员提出了其他意见，但都不足以让你心动。作为公司的管理者，你拥有决策权，你可以向员工宣布，"谢谢大家提供的参考意见，但我认为现阶段我们应该这样去做。"也许在你看来，这是对某项目或现阶段最好的决定，那么你选择走专制路线是完全可以理解的。成功的领导者善于在专制与民主之间游走、驾驭与权衡。专制之中蕴含着民主，民主之中潜藏着专制。

你需要去倾听别人的意见，接受相互矛盾的观点。事情往往会随着你的深入了解而得以改善，你应该本着改进而不是破坏的态度，鼓励员工分享他们的观点。但有时候你需要抛开他们的观点，听从你内心的召唤。你需要尽可能地以温和的态度，下达你的独裁命令。当然，你要清楚，如果你失败了，你将承担起由于你的决策失误带来的大部分损失。

珍妮·布里顿·鲍尔

高情商的管理者不会直接对员工下命令："这是我的决定，你们需要服从我的安排，现在大家就这么去做。"在发号施令的专制氛围中，员工很难创作出优秀的作品。你需要营造一种和谐友好的氛围，让每个人都去表达自己的观点，让每个人的意见都能被倾听，让每个人的想法都能被尊重。

有时候员工产生非常多的想法，有的甚至互相矛盾，我需要快速做出选择，这对我来说是一件困难的事情。当遇到棘手的问题或挑战时，我认为优秀的管理者需要具备果断处理事情的能力。你需要做出正确的选择，但这不一定是最好的选择。

我没有未卜先知的能力。因为现实中有太多不确定因素。有一次，我的一个决定没有按原计划进行，有人来对我说："嗯，我就知道这会失败，因为我从一开始就讨厌它。"我想起来他之前给我提出了其他想法，我没有采纳。就在那时，我意识到，我必须营造一种氛围，让每个人都感觉到自己的意见被倾听，自己的想法被尊重，而不管最后是由谁做出了决定。

罗恩·拉齐纳

在团队中，因为每个人看问题的角度不同，每个人处理事情的方式不同，员工会出现各种分歧。这需要有人来做出决定推动事情向前发展。我会用我多年的工作经验对员工说："让我们这么做吧。"这样的事很常见，一天就会遇到好几次。有时候没有谁对谁错，我的决定也不一定是最好的，但是必须有人介入并做出最终决定。

作为公司的合伙人，我会承担起这个责任，我会说："好吧，这就是我们要做的决定。"一般来说，人们不会因此感到沮丧，人们只是需要有人来确定方向，然后我们可以继续前行。

布莱恩·米勒

作为公司的管理者，你无情地驳回了员工提出的意见；你不顾别人的想法就做出任何决定。你不能太频繁地这样做，否则你就会削弱你的团队。你的员工会认为自己的创意会被你肆意修改。当遇到新的挑战时，他们可能不会全力以赴。

迈克·艾德森

我欣赏强有力、有权威的管理者。有权威的管理者能够对下属形成强大的吸引力和向心力，他们会促使员工产生巨大的工作动力，他们会激励团队成员追随自己去实现共同的目标。如果把权力分散在一群谨慎行事的人身上，他们会担心承担责任，也不敢去做决策。他们每天得过且过，公司的管理会陷入混乱。

发言总结

- 人们希望自己被倾听。
- 在做决定时,你需要考虑其他人的意见。
- 当人们觉得自己的想法被倾听,他们的意见被重视时,他们会对工作投入更多的热情。
- 不管员工意见如何,你需要介入并做出最后决定。
- 如果你太过强势,会让你的团队失去信心和动力。
- 有权威的管理者能够对下属形成强大的吸引力、向心力,从而促使他们产生巨大的工作动力。

BEING A LEADER

OPPOSITION

ATTRACTS

领导力法则

鼓励员工表达不同意见

2.7
鼓励员工
表达不同意见

你需要给员工自由表达的机会，你需要去聆听员工的真实想法，不管这些想法是否正确，是否合理，和你的想法是否一致；还是和你的想法完全相反，你都需要学会去聆听。

员工的想法能够最真实地反映普通员工的工作状态，对于公司的管理及各方面的改进都会比较有针对性。他们的想法能够反馈日常工作中的缺陷或者小细节，对于提升公司管理、提高工作效率有益。

通过集思广益，你将从他们那里获得更多元化的观点，你将打开更广阔的思路。当人们被授权为自己的工作辩护时，你也为他们创造了一次成长的机会。这能够增强员工的主人翁意识，带动公司成员推动公司的建设。

你需要鼓励员工分享他们的观点，保持他们的信念。如果你愿意，告诉他们你期待他们这么做。当他们反驳你的观点，挑战你的权威的时候，你需要有强大的内心去接受，你需要抛开你的不安全感，倾听他们真实的想法，你经过深思熟虑后说："是的，你说的对，让我们试试你的方法。"

当然，如果你不同意员工的观点，你一定要让他们知道。

安格斯·沃尔

在现实生活中没有超人来拯救世界，员工的奇思妙想也许会带你一起飞。

优秀的管理者不会局限于自己的想法。当你听到员工的另一种观念，你会说，"哦，那个人的观点真的很有趣。他和我的想法完全不同，他给我带来了一个全新的视角。"

你需要创造出一种氛围，团队成员能畅所欲言。当你提出一种观念或想法时，有人敢于提出反对的意见。当然你要能包容他们那些疯狂的想法，有的想法可能会引起你的反感。但记住优秀的创意有可能来自任何地方。

珍妮·布里顿·鲍尔

我们的团队就像英国作家托尔金（J. R. R. Tolkien）《魔戒》(The Lord of the Rings)里的魔戒远征军。每个人都是这个团队里不可或缺的一员。只要我们还有一口气在，就不能舍弃我们的战友。我希望听到每个人的想法，我希望员工能有勇气挑战权威。如果你想从员工那里得到优秀的创意，你就必须给予员工畅所欲言的自由。

马克·温斯托克

有的领导者会无视员工的想法，他们会用自己的权威让员工顺从。我经常会看到有的管理者会用趾高气扬的语气命令员工："做这个！""把那个完成！"和他们不同，我很重视每个人的意见，我会鼓励员工自由表达。

山姆·卑尔根

当我刚加入公司的时候，除了了解到品牌的一些历史和行业里对公司的一些评价，我了解的并不多。我保持着谦卑的心态，我会虚心地向员工询问、交流。

我参与员工讨论的基本原则是：我不知道答案。我不会给他们指明方向，而是向他们提问。我会抛出一些问题，让大家展开讨论，让大家去深入地探索。我给他们工作授权，让每个人参与进来，我们会共同设计出解决方案。对于许多人来说，这是一种非常有效的创造性指导方式。

苏珊·霍夫曼

我喜欢去聆听员工不同的想法、意见，虽然他们的想法有时可能会偏离主题。我喜欢员工向我发起挑战。我喜欢他们有强有力的论点，我们会因此展开激烈的辩论。不同观点在一起碰撞，这也会让我们的设计越来越好。

发言总结

- 有人敢站出来挑战你的权威，这很重要。
- 你需要创造一个氛围，允许有不同意见。
- 如果人们认为只有得到你的许可才能说出不同的观点，他们会选择沉默。
- 对所有意见给予同等重视，可能会让中层管理者产生怨恨情绪。
- 与其向员工指明方向，不如提出开放式问题，让他们去探索。
- 让持有不同观点的人展开激烈的辩论，会让我们的设计越来越好。

BEING A LEADER

Bring out the *human* in people

领导力法则

让管理多点人情味

2.8
让管理多点人情味

没有什么比冷冰冰的企业文化更能扼杀创新精神了。团队成员因为缺乏信任和尊重，他们也会缺乏交流沟通，他们不会了解到"快乐星期三"的寓意。

在星期三的早晨，说一声："周三快乐！"给彼此鼓劲、加油！毕竟，好不容易都熬到周三了，还有什么理由不快乐呢？你需要在你的管理风格中注入温暖、尊重和友善。试着让人们打起精神来，斗志昂扬地投入工作中。你需要与人建立连接，你可以在谈正事之前花几分钟时间和同事谈谈他们的业余爱好。当你的团队成员告诉你他们的周末安排时，记得在周一的早上问他们周末过得怎么样。

如果让员工知道有一个关心他们的领导，他们会更好地融入公司的氛围中。公司的真正财富是员工，有人情味的管理会增加公司的凝聚力。公司的企业文化应以尊重员工为核心，让办公室多点人情味，让管理兼具温度与效率。

布莱恩·凯利
动画剧《辛普森一家》（The Simpsons）联合执行制片人

我们有一个强大的编剧团队，一群多才多艺的科学家、艺术家在幕后为动画注入灵魂。他们风趣幽默，随时都会讲出让人捧腹的笑话，加入这样的编剧团队真是让人兴奋的事情！

我们在一起共事多年，对彼此都很熟悉。我们喜欢开玩笑，我们会分享生活，也喜欢去窥探彼此的生活。《辛普森一家》就是在这样的氛围里产生的。作为热播了30多年的脍炙人口的动画剧，我们从多角度对本土文化和社会各方面进行嘲讽。各种嬉笑怒骂、各种不按套路出牌的转折，还有各种预言成为现实，都是来源于我们的生活。在我们创作背后，也有很多有趣的故事！

让我来描述一下我们的工作：在每集剧情拟定原稿后，我们会召开集体修订会议，我们的工作就是在原本不好笑的地方增加笑点。我们把剧本中需要增加笑话的区域称为"笑话洞"。这是多年来我们想出的最好的术语。我们会把原稿展示在屏幕上，让所有人安静地盯着它看15分钟，然后是脑洞大开的"补洞"时间。每一集我们都会选定一个特别的场景。我们试图把一些调侃、隐喻贯穿其中，我们想给观众带来欢乐的同时也留下一些思考。

我最喜欢的工作是在每一集的创作早期，我们聚在一起构思、讨论故事如何开展。最好的创意总是来源于生活，我们的故事很多都来自我们身边的人和事。最近，我的一个亲戚告诉我，她有一个闺蜜，十多年来，这位闺蜜一直在热心组织她们到全世界各地旅游。她最近才发现她的闺蜜把每个人的费用收高，而自己就可以免费旅游了。我把这个故事讲给我的团队伙伴听，大伙都笑了。马特·塞尔曼（Matt Selman）(《辛普森一家》的编剧、制作人）马上说："这个故事可以用来做一集动画片。"于是，这个闺蜜的故事进入2020年年初的一集动画里。我们每天聊天、讲故事是在为我们的动画片注入源源不断的创作来源。

查克·穆恩
（Chuck Monn）
广告代理商Media Arts Lab执行创意总监

一个人在成员之间相互尊重、理解和包容的集体环境里生活，能产生愉快、满足和上进的心情，工作效率也会有很大的提高。有一个温馨的办公环境，非常重要。如何打造一个温馨的办公环境？"同理心""保持积极的态度""来一杯暖暖的咖啡",我列出这三条建议,它们可以帮助你营造和谐的工作氛围。

(1)同理心。大多数人都以自我为中心,不会关注到别人的想法或意见。为此我们会组织15分钟的临时会议。大家可以随意加入或退出,我们不抱任何期望,也没有任何压力地就创作本身聊天。

(2)保持积极的态度。你的情绪会影响到你周围的每个人。通常情况下,情况越不好,我就表现得越积极。当情况变得特别糟糕的时候,我就像中学啦啦队队长斗志昂扬地带领我的球队去取得胜利。我要让人们相信,今天是他们改变世界的日子。我是他们唯一的出路。

(3)来一杯暖暖的咖啡。我讨厌在某个周四的下午,全体人员坐一辆大巴车去做游戏搞团建。对于大多数员工来说,这意味着——这个周末需要加班。相反,我更喜欢简单的事情,比如抽出时间和大伙儿聊聊天。我带了电水壶和咖啡萃取壶来制作咖啡。花费大约是50美元。每天我会花30分钟时间,泡上咖啡和大伙儿慢慢享用,这样的方式会在无形之中拉近彼此的距离。一杯咖啡的时间会帮助员工从创作中走出来,获得一些新的视角。

发言总结

- 营造一种轻松、有趣的氛围会对工作产生积极影响。
- 你需要更多地和员工接触、交流,让他们有机会和你分享想法。
- 你是公司的管理者之一,你的情绪和观点会直接感染和影响到你的员工。
- 当你考虑做团队建设的时候,考虑你做的事情可以帮助建立彼此的联系和交流。

BEING A LEADER

Act Your
TITLE

领导力法则

演好你的角色

2.9
成为名副其实的管理者

作为创造型人才，因为你工作出色，你晋升为公司的管理者，你面临最大的障碍可能是不够成熟和理智。这虽然看起来很荒谬，但现实就是如此，管理者和创作者是两个完全不同的概念，你需要快速成长并担负起责任来。

当你是设计师或编辑时，你沉浸在自己的世界里创作，你可以不那么成熟，做事不那么理智，但如果你能带来优秀的作品，大家可能会理解你、原谅你。例如你开会迟到，也许大家不会在意；在给客户做产品展示时，你毫无准备，也许大家会手忙脚乱地帮你收拾残局。然而，当你作为公司的领导后，这种行为将不再那么轻易地被原谅。

你需要担负起领导的职责，成为一个成熟、专业、可靠、有原则的管理者。这意味着你需要合理规划时间、准时出席会议、制订各项计划、与团队成员沟通和分担工作，而不是试图自己处理所有事情。如果所有这些东西听起来让你生畏，或者对你毫无吸引力，那么对你来说，做一个终身创意工作者，也是不错的选择。

斯科特·马德

在《衰女翻身》杀青时，编剧都亲切地称我为"马德老爸"。我就像他们的父辈那样照顾着他们，给他们支持和力量。我会明确目标，细化任务，协调对接，解决他们的任何难题。他们都很信任我、尊敬我，我们是一个和谐且高效的团队。

要做好制片人这个角色不简单，因为你被夹在编剧团队、作品和投资方之间。编剧会感到额外的压力，因为他们负责整部剧的创作工作，他们会向我抱怨，我需要安抚他们的情绪，让他们没有后顾之忧。

在我们行业中有些人，他们年纪轻轻就出名，他们创建了自己的工作室，他们成为数百万美元企业的首席执行官。但是他们没有业务能力，也没有商人来帮助他们经营。这真的太疯狂了！

在电视行业里有很多才华横溢的人，他们不够理智，或者对时间没有概念。我的工作就像是火车站里的乘务员，我必须对车站里每一辆火车的出发和到站时间了如指掌。我必须知道剧本里哪一集正在构思，哪一集正在创作，哪一集正在拍摄，哪一集正在做后期剪辑。有时候，它们会疯狂地叠加在一起。我需要学会分身术，一边协助编剧团队，一边督促后期制作团队，以确保每个人都能高效地利用自己的时间。

乔纳森·卡文迪什

制作人并不等同于管理者，但当出现紧急问题或公司需要有人出面协调时，你必须介入，你必须担起责任来。

几年前，我在爱尔兰做了一个大型节目，这个节目深入探究了历史发展进程中的饥荒问题。我们需要重新修建一个很大的爱尔兰村庄，所以我们派了一批建筑工人先驻扎在那里，他们负责前期的修建工作。大约一个月后，在摄制组准备拍摄之前，村里的牧师要求见我。他对我说，"我必须提醒你们注意，你们有几个建筑工人行为不当，未处理好个人感情问题。"

我当时觉得很懵，这是建筑工人的个人问题，但我作为电影制作人必须去处理，尽管这看起来很荒谬。

克里斯·奥德

我和搭档马特·科曼作为编剧，共同创作的第一部电视剧很成功。在那之前，我们还从未加入过编剧团队。但我们有多年团队合作的经验，我们熟悉团队合作的模式。凑巧的是，编剧协会在那个周六提供了制作人培训。作为新人，我们参加了系统的培训。然后在周一的早上，我们将学到的知识在工作中学以致用。

苏珊·克雷德尔

为什么现在有的管理者还在沿用二三十年前那种管理模式呢？如果你看到你的老板在管理上没有任何转变，你会认为，"为什么我需要转变呢？"

我认为这可能是因为他们面临的竞争还不够激烈，他们坚持用专制的方式来掌控一切，他们可以坚持自己想要的任何东西。

然而在当今，一切都与合作有关，合作也不再是二三十年前盛行的那种方式。如今，那些有同理心、善于合作、为他人着想的管理者将会是成功的管理者。

布莱恩·米勒

如果创意总监的行为举止让人感觉到不成熟、不理智，那么他不能给员工带来信任感。说实话，我们所处的行业充斥着年龄歧视：年龄越大越会被认为是创造力的衰竭，所以人们不愿意显露出自己的年龄。但这和创造力并没有关系，这两者并不矛盾。你应该表现出你这个年龄和经验水平应有的大气、果断，同时保持着你的创造力。

发言总结

- 作为领导者需要给人们带来安全感。
- 有能力的管理者能更好地激励员工发挥出创造力。
- 领导力培训很重要。特别是当创意工作者跻身为领导者时，更需要对他们进行领导力培训。
- 如今，对创造型人才而言，他们需要的是合作、同理心和对他们未来的投资。
- 高级头衔并不意味着你可以做出任性、不成熟或过分激进的行为。

BEING A LEADER

领导力法则

刚愎自用的管理者，将成为众矢之的

2.10
刚愎自用的管理者，将成为众矢之的

当你平步青云、职位节节高升，你拿到的薪酬奖金让人眼红时，你可能会问：我值得这份薪酬吗？你可以审视一下自己：你是无私奉献型领导，还是刚愎自用型？你会窃取员工的劳动成果吗？同事会觉得和你很难以相处吗？你是否会表现出对他人的不尊重、无端蔑视或冷嘲热讽？员工会认为和你在一起是一种折磨吗？公司里还有才华横溢但低调内敛的人，会威胁到你的地位吗？

由于我们的人生阅历，我们中的许多人也许已经摆脱了自恋和幼稚的行为。我们努力改善自身的缺点，我们以解决问题为导向开展各项工作。我们会在意自身的行为规范，并以身作则加强员工行为管理。因为我们明白：没有人愿意在一个盛气凌人、狂妄自大的领导者手下工作。

但是在创意产业里有许多自命不凡的人，他们自视高人一等，态度傲慢、粗鲁，他们自认为能给公司带来非凡的价值，行为表现得非常幼稚。他们往往心比天高，显示出一副目中无人的样子。在工作中，他们会处处觉得人不如己，自视清高，他们不会去积极寻求工作的创新与挑战，从而使他们丧失工作的积极性，由狂妄导致懈怠，最终走向平庸。不要以为你的创造力能给你带来什么特权或待遇。如果你继续保持这样的心态，总有一天你会离开首席创意总监的岗位，到那个时候也没有人会因为你的离去而难过。

安格斯·沃尔

　　藏红花是西班牙海鲜饭的灵魂香料，它色泽艳丽，能把米饭染成金黄色。它独特的香味会在唇齿之间让人回味无穷。如果藏红花是西班牙海鲜饭里不可或缺的灵魂，在你的性格里，自负便像是藏红花。你需要加一点点自负，它能帮助你熬过长夜漫漫的孤独，它能带你在事业上走得更远。

　　但是自负也是摧毁一个人的头号杀手。一个自以为是、偏激孤傲的自恋狂在职场上是无法生存的。没有人会来忍受你的一切，"满招损，谦受益"，这是自然的规律。狂妄自大不会给人带来任何的好处，只会令他人厌恶，给自己惹来祸端，到最后你只能黯然退场。

巴里·韦斯

　　无论你多么有才华，你最好抑制住你的傲慢和自负。光环总有褪去的一天，当你不再成功时，没有人会因为你的离去而难过。我们看过太多这样的案例：当一个才华横溢的人创造不出优秀如从前的作品，人们会因为他的恃才傲物对他避而远之，很快再也听不到他的任何消息了。自负的人在行业里都不会走得太远。

　　当然你可以保持你的傲气，在音乐界我们看到很多创作型人才都有这样的问题，他们自我感觉好极了，有一种居高临下的态度，但这种心态对于一个立志在音乐行业发展的人来说往往是致命的。

山姆·奥利弗
（Sam Oliver）
苹果公司创意总监

　　我认识一些自命不凡的人，我听说过他们的故事，但我真的很幸运，在我的职业生涯中，我几乎没有和狂妄自大的人共事。在我工作过的地方，这样的人不会有生存的空间。

　　我之前在恒美广告公司（DDB）的伦敦分公司工作，在那里流行着一种处世哲学——你不仅需要优秀，你还必须善良。那里有很多非常有才华的人，他们谦逊温和、彬彬有礼，从不居高临下地和我说话，他们总是留给我时间，这段经历给我留下了深刻的印象，我也在潜移默化中受到他们的影响。

　　也许世界上只有0.2%的人可以被称为天才，他们才华横溢，稍加努力就可以比别人更优秀。因为他们的才华和天赋异禀会让人们原谅他们的一些行为举止。但是，这样的人往往在行业里走不了多远，因为他们缺乏团队协作的精神，他们无法和人建立起信任关系。和谐的人际关系是现代社会里必需的生存条件，许多工作都是在团队合作基础上完成的，有时还需要资源共享。如果因狂妄自大而失去人际关系，工作任务自然也就无法顺利完成。

泰德·普莱斯

在游戏公司Insomniac Game，我们一直强调不允许有自负傲慢的人存在。我们坚信优秀的创意来自团队合作。在我们面试的时候，我们会告诉员工：如果你不具备团队合作的能力，或者你想让自己随时成为关注的焦点，那么Insomniac Game对你来说并不合适。

当然有时候在招聘过程中，会有少数的漏网之鱼，但很快他们就会展示出自己狂妄自大的一面，他们会显得与公司文化格格不入。

在我看来，如果当你面试到一个自负之人，最明显的迹象就是他对你的公司知之甚少。他想告诉你他所做的一切，他是多么了不起。但他却不能说出公司所创造的游戏名称，或者每款游戏的特殊之处。如果遇到这样的应聘者，我会尽快结束面试流程，我会直接告诉他："你并不适合这份工作。"

乔纳森·卡文迪什

我和很多知名导演合作过，他们很少出现自负情结，他们非常专业和敬业。他们倾向于与优秀的人一起合作，这样他们就能发挥出最好的一面。我接触过的有自负情结的导演大多在商业广告界。在电影和电视行业，通常高管会显示出傲慢的一面。自负是自卑的一种保护机制，一个强烈自卑的人面对真正的自己是痛苦的，所以通过自负来想象一种虚假的自我保护，保护自己的自尊。有些人看似自负，实则内心自卑。傲慢自大的人通常都是遇到了一定的挫折或压力。他们可能对自己在社会中的地位不满意，或者对自己的未来感到不安，或者对被任命做某件事而又不能完全把控感到憋屈，他们会把这种情绪以非常不专业的方式表现出来。

当安迪·瑟金斯（Andy Serkis）和我一起创立公司的时候，我们约定不会和我们不喜欢的人一起合作。生命太短暂，我们可以相遇美好的人，一起创造美好的未来。

> **发言总结**
>
> - 自负的人无法在良性健康的企业环境里生存。
> - 自负的人更容易遭遇挫折,而且往往不能在行业里长久发展。
> - 当你是一个狂妄自大、刚愎自用的管理者,你会失去团队成员的支持。
> - 当你创作的作品不如从前时,人们对你狂妄自大的行为就不会像从前那么宽容了。
> - 虽然有才华的人可能会提高工作质量,但他们因为恃才傲物、不好相处,会破坏工作场所的和睦氛围。
> - 在面试过程中留意自负之人的迹象。他们是对公司感兴趣还是对自己感兴趣?

BEING A LEADER

YOUR JOB DESCRIPTION IS JUST A STARTING POINT.

领导力法则

成为管理者仅仅是开始

2.11
用你的影响力给公司创造价值

  作为公司的领导者，随着你职位的上升，你需要更多地证明你对公司的价值。你能给公司带来经济价值固然是一件好事，而如果你能为公司带来无价的影响力，那更能稳固你在公司的地位。你需要能代表公司的形象，成为公司的一张名片，你需要想尽一切办法挖掘自己的潜力为公司创造价值，你需要寻找机会提升公司形象和在行业中的影响力，这也在无形中为自己增加了成功的砝码。

  另一种建立价值的方法是培养你在同行中的影响力。你可以在同行的各种会议上发表见解，引起大家的关注；你可以在报刊上发表关于创造力的文章，提升你在行业内的知名度；你甚至可以写一本比这本更好的关于创意工作领导者的书籍，扩大你的影响力。作为行业内的专家，你可以建立一个社交媒体账号，你可以分享你多年的工作经验、分析行业现状、点评热门事件；你也可以在晚上开课，这不仅可以推广你的公司，而且为你提供了一个创造型交流平台和未来人才的孵化平台，这将创造一个三赢的局面。你可以拓展人脉，你需要和行业内的精英人才建立有价值的联结。他们可以推广你的公司，或者为你的公司写精彩的故事，他们也可能在未来为你提供帮助。

  我们也需要在公司内部加强自己的影响力。你可以发起多项竞赛活动、组织工作研讨会、加入导师团队，通过开展丰富多彩的活动实践，帮助员工提升各项技能，让公司有更好的工作氛围。你需要更积极地投入每天的工作中，用你的能量感染身边的员工。你需要重视每一个细节，建立起充满凝聚力、向心力和创造力的团队。

罗布·施瓦茨

一直有一件很烦心的事困扰着我，那就是每次公司开会，员工必然会等我参加，他们需要我的反馈和帮助。

你需要给年轻人指点，把自己的工作经验传授给他们，让他们树立起奋斗的决心和信念。你需要比其他人更优秀，给公司带来更多的价值，这样才能将你与其他同等职位的高管区别开来。

你需要更主动积极地做事，给人雄心勃勃的印象。你要用你的激情去感染身边的人，你需要成为公司里不可缺少的人物，或者在公司里扮演起关键性角色，这将有助你提升在公司的影响力和地位。

布莱恩·米勒

我见过一些愤世嫉俗的人，而当他们相信自己能对公司有所贡献时，他们便会帮助身边的人，或者与他人建立起真正的联结。他们将迎来重生，他们会积极地投入工作中，找到自己的价值感和归属感。公司可以通过一些团建活动，比如团队比赛，或者生日庆祝活动，调动员工的参与感，增加彼此的联结，这非常重要。

马修·沃德

每个职位都有明确的岗位职责，你需要明确每个人的任务、细化每个人的责任，明确他们的职能测评与薪酬挂钩。

虽然这些都是你分内的工作，作为管理者，我们需要让员工知道他们应该做什么，以及在此之外他们还能做什么。我认识一些人，他们喜欢低调行事，只做自己分内的工作。我告诉他们，如果他们想要成长，他们需要更积极主动地参与各项活动中。

发言总结

- 超额完成任务,成为公司里不可或缺的人物。
- 通过各种方式让自己融入企业文化。
- 留给员工一种印象:你是一个雄心勃勃、大公无私的管理者。
- 让员工觉得自己能对公司有所贡献,他们可以共同塑造企业文化。员工会因此更有创作的动力和激情。
- 你需要告诉员工他们应该做什么,他们还能为公司做什么。

BEING A LEADER

There is nothing wrong with being a lifelong maker.

领导力法则

成为终身创意工作者是不错的选择

2.12
成为终身创意工作者是不错的选择

　　管理岗位并非适合任何人，不是每个人都胜任这份工作。有些人是在做了经理或总监后发现自己不适合管理岗位，有些人会更早地找到什么最适合自己。事实上，如果你缺乏沟通协调能力、规划统筹能力以及决策执行能力，你更适合留在设计师、美编等创作工作者的位置。

　　有些人不愿意把时间耗费在员工管理或与客户打交道上。他们宁愿沉浸在自己的创作中，他们更想待在工作室或者在拍摄现场，他们的创作灵感会像泉眼那般喷涌而出，无法停下，创作让他们体会到心流的状态，他们能从创作中获得更多的乐趣。

　　如果当你因为工作优秀得到了晋升的机会，你需要评估你自己是否适合晋升到管理层？你真的渴望得到这份职位吗？是为了薪酬？是为了声望？还是因为你真正渴望去实现更大的抱负与梦想？你必须为自己做出选择，你需要评估自己是否能胜任这份工作；你需要评估什么让你更快乐。从长期和短期来看，你更适合做一名管理者还是创作者？有很多人绕过了管理之路，因为这不是他们的才能所在，他们选择成为一名终身创意工作者，他们也因此更加热爱自己的工作和生活。

马克·魏因斯托克

当一位部门经理或创意总监管理员工的同时又想着创作自己的作品，他们极有可能两样都做不好。他们有很好的创作才能，但是因为岗位需求，他们会花费大量的时间精力在人际沟通上，日常的管理工作让他们焦头烂额，同时他们的创作能力也被扼杀。

作为公司的老板，你有两个选择。你可以把他们从管理岗位上撤下来，让他们回归自己的创作岗位，找到自己的价值所在。第二个选择就是你解聘他们。我不得不解聘那些管理不善的人。他们确实是创作人才，但作为管理者，他们没有这个能力。

苏珊·克雷德尔

有些人不愿意做创意总监，他们更愿意选择做一名创意工作者。因为创作本身让他们快乐，他们无法通过管理工作得到满足。他们是优秀的工匠、设计师、创造者、艺术家，他们希望全身心地投入创作中，他们的创作能力应该得到公司的支持和保护。

在天联广告公司（BBDO）有很多创作巨星，在他们职业生涯的最后阶段都在努力创作。他们做出的优秀作品让人铭记。但是现在这样的案例越来越少了，对于创意工作者来说，似乎只有一条路可走：进入管理层。从创作者过渡到管理者需要巨大的心理转变。不管你的选择是什么，我们需要清楚自己真正想要的是什么，并热爱着我们正在做的一切！

苏珊·霍夫曼

想要不断攀升和获得更高的职位是人类的天性，但有些创作奇才，他们拥有着超能力，他们更应该留在创作的岗位。

我记得我将一个美术总编提升为创意总监，但后来我不得不取消了他的晋升。管理不是他的强项，但是他仍然是我们公司资深的艺术总监之一。

有些人会认为如果得不到升职的机会就意味着工作失败。但是我认为：你需要坚持自己的长处。如果创作是你真正想要做的事情，就不要因为外界的评论影响你的创作能力。

> **发言总结**
>
> - 不是每个有创造力的人都能成为优秀的管理者。
> - 不是每个人都能胜任管理岗位。
> - 管理者不可能自己完成所有的工作,他们需要带领团队,但同时他们自身的创造力也会被扼杀。
> - 人们需要明白:成为终身创意工作者也是不错的选择。
> - 对创作者来说:晋升成为一名管理者不是唯一的出路。

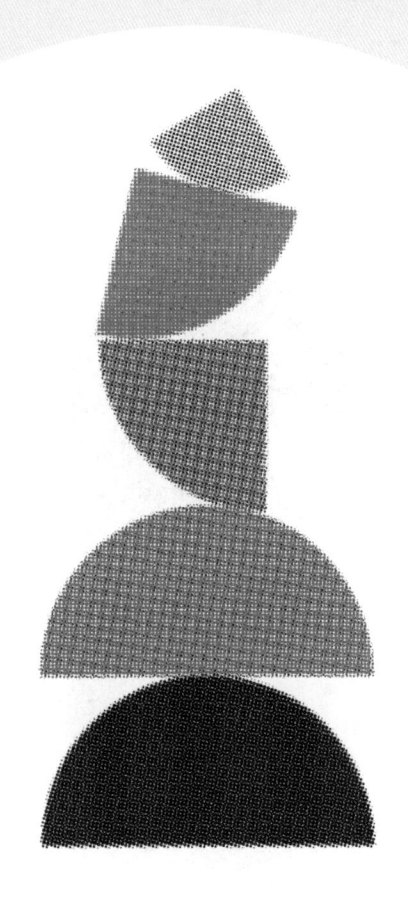

MANAGING CLIENTS
& HIGHER-UPS

客户关系和领导关系

第三部分
客户关系和领导关系

因为你的慢慢积累,你现在已经建立了一些人脉,你与公司内部的高管、董事会和大客户慢慢熟悉起来。他们不仅期望你能带来优秀的创作,他们也期待你成为一名优秀的管理者,你能带领团队为公司创造更大的价值。

值得庆幸的是,你的新职位让你站得更高,你将遇到更多的人,听到更多的声音,你也需要做出更多选择。你需要弄清楚如何管理动机不同的员工、如何协调客户与公司的利益关系,你需要学习政治、外交、营销、谈判、心理学、人际关系、公共关系学等。知识越宽眼界就越宽,解决问题的思路就越多。领导岗位充满了各种风险和潜在的陷阱,面对复杂多变的市场竞争,我们需要站在一定的高度去辩证思考。广告公司Fallon前总裁兼执行创意总监比尔·韦斯特布鲁克(Bill Westbrook)曾说:"总是会有难缠的客户。你最好的策略是尽你所能赢得他们的信任。"

我们从创意工作者进入管理层,对我们来说这是一个全新的世界,与我们独立思考的创作者时代相去甚远。当面对大量的信息和选择时,我们需要决策者的勇气和魄力;我们需要积极热忱的工作态度与客户建立亲密无间的关系;我们要有百折不挠的坚强意志去带领团队,不断超越、永远进取;我们需要保持对团队忠诚,同时保障客户和公司的最大利益。

你需要读懂员工的内心世界,你需要了解客户的心理预期,你需要捍卫团队的利益,你需要"尊重地"表达你的不同观点,你需要找到方法去说服人们做他们不喜欢或不愿意做的事情。

当我第一次成为创意总监时,我那时还比较年轻。在开会的时候,我感觉自己和身边的人格格不入，就像汤姆·汉克斯（Tom Hanks）在电影《飞越未来》（Big）中扮演的那个13岁男孩——在许愿机前许愿后瞬间变成成年人进入玩具公司工作。我穿着牛仔裤和写着"永不言败"的T恤，对着满屋子持反对意见的高管们滔滔不绝地说出疯狂的想法。说实话，我更愿意像汤姆·汉克斯那样去谈论关于玩具的疯狂想法，而不是项目的风险管理策略。

我必须树立起自己可靠、成熟的形象，我必须带领我的创作团队，一起为公司的愿景共同努力。在我升职后，他们变得更加谨慎小心，有的甚至带着轻蔑或怨恨的情绪。我必须不断赢得他们的信任和尊重，同时推动他们去完成优秀的作品。这是一个异常艰难的过程。我必须向他们证明，我与经理和客户之间的特殊关系不会降低我的可信度，也不会影响我对他们的忠诚度。

作为领导者，你如何管理和维护这些关系，同时坚持着自己的目标？当你把人们从他们的舒适区拉出来时，你应该考虑哪些因素呢？

MANAGING CLIENTS & HIGHER-UPS

STRADDLE THE LINE BETWEEN PARTNER AND PRODDER

客户关系和领导关系

平衡和客户的合作与抗衡

3.1
平衡和客户的合作与抗衡

你想要与你的主管或者客户保持良好的关系,但同时你想要发表你的真实想法,你们可能会发生辩论、争执,你需要偶尔把他们拉出舒适区。这是一种微妙的平衡,找到这种平衡并非易事。

你需要与他们建立信任的关系。人们需要相信你推动他们的原因是帮助他们实现目标,而不是为你自己赢得什么奖项。信任来自尊重:你需要知道什么时候可以向前推进,什么时候用力过猛或过于频繁,什么时候你需要撤退。如果你在对方下定决心后仍然继续去游说,甚至引发争吵,这会对你们的关系造成灾难性的影响。

你不能操之过急,信任是随着时间的推移而慢慢建立起来的,每一个项目的达成都会把你们的关系拉近一步。你需要不断地通过新的项目来赢得他们的信任。

....

马特·德瑞尼克

我能做的就是参与其中,尽我所能带来优秀的作品。

我的合作伙伴对我的期望都很高,他们希望自己的每一张唱片都能上热销榜。

作为制作人，你必须清楚什么作品能被市场接纳，什么作品能带来听众的共情。一首好歌，要能够经受得住时间的洗礼，你不能指望一首混响淹没了人声的歌曲能在单曲榜排名第一。那些不及格的作品，或许能够红极一时，但随着时光的流逝，只会被淹没在时光长河中。

和音乐家相处没有固定的模式，他们有着不同的背景，他们的作品有着不同的曲风。也许他们刚辞去酒保的工作，成为一名歌手；也许他们决定停掉巡回演出，潜心音乐创作，他们立志成为家喻户晓的明星。我需要坚信他们的信仰，尽我所能去发掘每个人的闪光点。我需要保持积极、乐观的心态，我的工作就是坚持不懈地帮助他们实现他们的目标。

艺术家希望自己能被大众接纳和认可。他们希望能用音乐和世界建立起连接。我需要学会倾听，与他们建立起信任关系。我记得在我上小学的时候，同伴取笑我在独奏会上演奏《粉红豹》（Pink Panther）的主题曲。那种不被理解的窘迫和孤独感让我记忆犹新。任何一种艺术都需要被温柔以待。

有些歌手会说："这首歌我已经写完了，请不要再做任何修改。"但你还是要尽你所能地帮助他们：打造他们的品牌，帮助他们瞄准市场和受众群体。最终，如果他们对这些都不感兴趣，你也无能为力。

当分歧开始出现的时候，我会尽量谈论我喜欢的部分而不是谈论我不喜欢的部分，比如我喜欢这首歌的副歌部分，但我觉得衔接过于突兀，我会在接下来的几个星期慢慢地试图改变它。"嘿，这首歌的副歌部分棒极了！""如果我们去掉那个和弦会怎样？""我们再加入一点混响效果可能更好！"这位创作歌手会慢慢接受我的建议。

有很多制作人会强迫艺术家去做他们不想做的事情，因为他们觉得自己比艺术家更懂音乐。我不会这么做，因为我曾经也是一名创作歌手，我记得那种感觉。我知道从无到有的创作过程是多么让人兴奋。我知道在第一次听到自己音乐时的激动。我知道他们多么想去和全世界分享他们的音乐。

比尔·韦斯特布鲁克

和客户打交道不能强求，你需要给出你的理由，让客户信任你、支持你。

艾莉森·沃森

我不会和我不喜欢的客户打交道。我和很多客户都成了好朋友。当我在全球知名设计公司IDEO工作时，我会和我的合作伙伴一起跑步、一起健身。我们会在工作之外建立深厚的友谊。他们对我非常信任。当我给他们的公司提出建议时，我会非常慎重，他们也会认真听取我的建议，因为如果我让他们失望了，或因为我的建议让他们决策失误，我会非常难过。

布莱恩·米勒

你需要在客户的"信托银行"中积累足够的储蓄，当时机成熟时，你就可以兑现一部分利息。你需要秉持客观的态度、拥有开阔的胸怀，在他们诉说时认真倾听，表现出对他们的尊重和关心，并且掌握他们真正的想法和需求。这样他们才会尊重你的想法和提议。

发言总结

- 信任是最重要的。
- 你需要让客户知道：你是为了他们的最大利益着想。
- 倾听和尊重是沟通的关键。
- 你需要知道什么时候可以向前推进，什么时候你用力过猛或过于频繁，什么时候你需要撤退。
- 想办法让客户同意你的观点。
- 与客户建立工作之外的联结，有助于你与他们建立起信任关系，这也会让你对工作更有责任心，你需要履行自己的承诺。
- 当你和客户建立起信任关系，客户会更愿意接受你的意见和想法。

MANAGING CLIENTS & HIGHER-UPS

Put your client's & company's concerns above your own

And have the ability to discern which are more important

客户关系和领导关系

把客户和公司的利益放在个人利益之上，你需要有能力辨别孰轻孰重

3.2
把客户和公司的利益放在个人利益之上，你需要有能力辨别孰轻孰重

当我们身为创作者时，我们非常专注于自己的项目，我们期待能创作出优秀的作品。也许我们希望得到别人的赞誉；也许我们期望在行业内被人知晓；也许我们希望得到晋升的机会；也许我们只是想得到同行的嫉妒，永远不要低估嫉妒的力量！

当我们从创作者晋升为管理者时，我们需要重新调整我们的思维模式。作为管理者，我们在公司有举足轻重的地位，我们代表了公司的形象。我们每天和客户打交道，我们与客户的利益紧密相连。如果你只想着自己的成就，每天寻思着参加什么比赛获奖，没有哪个公司会愿意来聘用你，也没有哪个客户想和你合作。我们需要淡化自己的个人利益，我们需要把公司和客户的利益放在首要位置去考虑，你必须有能力分辨孰轻孰重。

• •

邓肯·米尔纳

没有人会比客户更了解他们自己。多年来我一直为乔布斯工作，他把所有的时间、精力投入苹果公司产品的研发、创造中，他充满了激情和活力，他希望能改变人们的生活方式。我们非常努力地去理解他带来的新的理念。从创造的角度来说，

我认为分离是一件好事，但我们仍然需要花大量的时间，努力去理解他们的问题。

我们能够为苹果公司带来新颖、鲜活的创意思考，这是一个充满吸引力的挑战。也许我们花费了很多时间精力在构思某个创意，我们很喜欢这个创意，但是这并不能解决客户的实际问题。我们需要诚实地问自己："它是否帮助了我的客户，还是仅仅满足了我的虚荣心？"

布莱恩·米勒

作为创意人员，我们深知要想在行业内有所建树，我们需要在个人的创作领域有突破性进展。但是现在我们需要把个人的利益放在一边，把客户和公司的利益放在首位。其实，在事业上有所建树和给客户带来收益，这两者并不矛盾，在帮助客户的同时我们也能找到自己的价值。

据我所知，有些人一生都在寻求自我的突破。他们经常参加行业内的各种比赛，他们也因为优秀的设计得到各种荣誉。但是他们的设计却对销售没有实质性的帮助，当然这是他们的个人选择。我更喜欢和客户打交道，帮助他们去实现目标，这会给我带来满足感，同时我也与客户们建立起友好、持久的战略伙伴关系。

发言总结

- 尽可能深入地关注客户的问题。
- 确保你的工作是为了帮助你的客户，而不仅仅是为了你自己。
- 解决客户问题和优秀的创意并不相互排斥，争取在帮助客户的同时我们也能找到自己的价值。
- 当你致力于为客户的利益创作时，他们也会尊重你的创作。

MANAGING CLIENTS & HIGHER-UPS

Be mindful of the person above the person above

客户关系和领导关系

了解决策者的真实想法

3.3
了解决策者的真实想法

除了取得客户的信任，你还必须想方设法了解到客户的老板，你需要找到最后的决策者。同时你也需要和你的老板建立联结。你需要了解他们关心的是什么？他们面临的压力是什么？他们喜欢什么？他们畏惧什么？他们与你的上司关系如何？他们的期望是什么？你需要了解他们的日程安排，公司的管理机制，以及他们衡量成功的标准。

你得到的信息越多，你的理解就越完整，这将帮助你完成你的创作，帮助你的客户完成任务，帮助到你的老板和客户的老板实现最大利益，这关系到你们之间的每个人。

克里斯汀·格罗弗·莫勒

我们的工作是帮助我们的客户，让他们超额完成任务，让他们得到他们老板的认可。

在通常情况下，我们的作品会被我们的直接客户呈现给他们的上级，他们的上级再呈现给上级的上级。经过多层的传递，直到呈现给最后的决策者。谷歌就是这样的情况。你希望你的客户能够像你一样能出色地展示你的作品，你需要给他们提供全方位的指导，让他们了解你的作品、推销你的作品，你需要确保他们的展示无懈可击。

尽管我们与客户保持着日常密切的联系，但当涉及信息反馈时，我们必须去考虑他们上面的决策者。他对项目的期望是什么？他的关注点在哪里？你需要过滤客户给你的信息，了解他的幕后老板真正想要的什么。当沟通经过多层传递后，有可能会产生误解。这就像是传话筒游戏，当你对着一个人说话，那个人再对着另一个人说话，然后继续往后面传递，最后那个人说的东西可能和第一个人的表达完全不同。

因为你不能得到完全准确的信息，你需要尽可能多地提出问题，即使是那些看似愚蠢的问题，因为你知道的越多，你的解决方案就越精准。如果你能知道每个反馈来自何处，这也会对你有帮助。你需要了解给予反馈的那个人，你需要了解他是否会言过其实。你知道如何去衡量它的真实性，这样你就知道如何去调整自己的方案。如果你有机会直接面对决策者，当他在听了你的陈述后，也许他会惊讶地说："我并不是那个意思！"这时你才知道了他的真实想法，但你已经浪费了一个月的时间。这样的情况很常见，如果有机会，你最好直接与最重要的人沟通。但如果没有这样的机会，你需要尽你所能去解读反馈信息，你需要提取信息里重要的部分。

你需要尽可能让你客户的老板（或你自己的老板）参与其中。就像你准备一顿美味的晚餐，你需要先询问有几个人就餐？每个人最喜欢的菜品是什么？他们喜欢什么菜系？他们的口味偏好？他们是否对什么食物过敏？他们喜欢听什么音乐？他们会从几点开始用餐？这样你就可以从容地准备你的晚宴。

发言总结

- 你需要帮助你的客户在工作中取得成功，你需要通过你的创意设计让你客户的老板满意。
- 在很多情况下，你面前的客户并不是最后的决策者。
- 你需要推测谁说了什么。你需要确定最后的决策者说了什么，并回答他们关注的问题。
- 你需要更多和更频繁地和客户进行交流沟通，你需要了解决策者的真实意图，避免出现不必要的误解。

MANAGING CLIENTS & HIGHER-UPS

DON'T RISE SO HIGH THAT YOU LOSE SIGHT OF THE PEOPLE BELOW YOU

客户关系和领导关系

当你向上攀登时，不要忘记了你的团队伙伴

3.4
当你向上攀登时，
不要忘记了你的团队伙伴

假设你是公司的一名中层管理者，你的上级负责公司的运行，你的下属负责具体项目的创作。你需要去灵活处理你与上级和下级之间的关系。中层管理人员处在一个很艰难的位置上。一方面你需要带领团队为公司创造利益，另一方面你受到上级的监督管理。你需要和你的上级保持紧密联系。因为他们会教给你很多东西，比如老板的偏好、公司的文化、公司的发展历程等，最重要的是，他们决定了你升职、加薪的机会。所以你会想方设法和上级搞好关系，但是当你和你的上级亲近的同时，不要忽视了你的下属。你要记住：你们来自同一个团队，因为你们共同的努力，你的创作才得到公司的认可，他们是你成功的关键因素。

如果你的下属感觉到你为了自己的利益，却忘记了你们曾一起奋斗。他们可能会开始怨恨你、疏远你，甚至向高层打小报告。在与你的经理和领导建立牢固的关系的同时，你需要和你的团队成员建立起信任与平等的关系。你需要得到双方的信任和支持。你的职业生涯取决于向这两个方向延伸。在你向上攀登的过程中一定要小心谨慎，你需要防范从高空跌落的危险。

瓦莱丽·范·高尔德

我的爸爸是一位优秀的企业家，他非常擅长与人交往，他将商学院学到的知识在管理中学以致用，我也从他身上学到了很多管理的方法。

他拥有一家汽车维修公司。他手下的那些汽车修理工对他非常尊敬。他们非常喜欢为我爸爸工作。因为我的爸爸会鼓励他们、善待他们、保护他们。如果他们的孩子生病了，他会照顾他们的孩子。他告诉我们：工作没有高低贵贱之分，无论做什么工作，每个人都需要得到同等的尊重。当我成为一名管理者时，我总结了我的管理之道：保护你的团队，为他们的成功投资，永远不要削弱他们，他们会和你一起奋斗！

杰夫·贾尔斯

出版是一个高压的行业，在这里人人都处于紧绷状态，紧张程度高得令人难以置信，团队员工的士气也极不稳定。在这里同理心变得越来越重要，因为员工的压力越来越大，资源却越来越少。我工作的那些地方，最后受伤的总是那些底层员工。

我从来不为我的上层领导担心，在信息不对等的时代，他们占据了资讯、金钱和名望。我会把我的担心和忧虑留给我的下属。他们不会被告知真相，他们为自己的未来忧心忡忡。作为一名中层管理者，我需要为他们筑起一道防火墙，我会告诉他们："别担心，一切都会过去。"我会努力让他们获得安全感。

一位资深编辑去世，公司为他举行追悼会。他不是总编，但很多人都认识他，他留下了妻子和即将上大学的儿子。葬礼结束后，《华盛顿邮报》（Washington Post）前发行人、董事会主席凯瑟琳·格雷厄姆（Katharine Graham）走到这位已故编辑的儿子面前，问："你要上大学了，是吗？"编辑儿子回答说是的，凯瑟琳回答说，"好好上学，我会为你承担大学的学费。"她的举动让在场的人们都感动了。

在裁员普遍盛行的时代，企业也面临了巨大的压力，同理心被人们抛之脑后。凯瑟琳·格雷厄尔用她的行动给失落的人们以慰藉。

罗布·施瓦茨

杰伊·恰特（Jay Chiat）作为广告代理商TBWA的创始人和前总裁，却没有私人的办公室。他和员工坐在一起工作。他像是战场上的将军，喜欢和士兵同甘共苦，全力拼搏。在这样的企业中，谁是领导者，谁是下属，没有明显的界线。

优秀的管理者没有追随者，而是和大家一起奋斗。这也是我喜欢的工作方式。我从来没有觉得自己高人一等。我每天乘地铁去上班。我会在大厅里和员工打招呼，我会尽可能和员工保持联系。我关心员工的工作，在意他们的感受和想法，我想知道我能为他们做些什么，我愿意帮助到每个人去实现他们的个人价值。

布莱恩·米勒

我看到很多人把时间精力都用在去巴结领导上，他们和上级关系亲密。他们对下属却是一副趾高气扬的态度，他们甚至会忽视团队成员的需求。

在我的团队中，我会给予员工尊重、理解和信任。他们不是来为我服务，我们是一种相互支持的伙伴关系。我时常鼓励他们、在他们需要时不遗余力地提供我的帮助。

泰德·普莱斯

在我们公司中，不管任何时候都会有多个大型游戏在同时创作中。团队成员很容易混淆，或者不明白一些决定背后的原因。作为游戏公司Insomniac Game的总裁，我每天都在努力让员工知晓公司的动态。

我们公司有一个惯例，每天任何员工都可以向我提出任何问题，他们会给我发邮件。而我会把我或其他领导者的反馈邮件分享给大家。我希望公司的所有信息公开透明，我希望让员工处在一个公平竞争的环境中。有时候，他们提出的问题很刁钻。这也让我有机会了解员工的想法，以免让这些看似火苗的问题变成熊熊大火。

发言总结

- 对你的团队成员进行投资，给予机会让他们学习、成长。
- 善待你的团队成员，他们也会善待你。
- 管理者掌握着各种资源，也拥有着决策权。你需要给你的团队成员带来安全感。
- 与你的团队成员保持联系，你需要在意他们的感受和想法。
- 以服务型领导的心态为员工提供各种帮助，关心你的员工。
- 保持信息公开透明，定期和员工进行交流沟通，让员工有主人翁的心态积极投入工作中。

MANAGING CLIENTS & HIGHER-UPS

everyone at the table deserves RESPECT

(even if it's not apparent why yet)

客户关系和领导关系

因为未知的可能性，在座的每个人都值得尊敬

3.5
因为未知的可能性，在座的每个人都值得尊敬

在公司内部会议或者和客户的会议中，你也许会把某个普通员工的意见排除。毕竟，他们的观点，无论好坏，都没有公司高管的观点那么有分量。他们的言行举止显得不够自信，他们的想法也许还不合逻辑，他们在公司里不受到重视。但是如果你选择轻视他们，也许在某天你会后悔不已。

因为没有人知道未来会发生什么。今天最不起眼的员工有可能成为明天的企业家，他可能成为你的主管、客户，或者是竞争对手。他们因为经常被你忽视，这些看似温顺的普通员工很可能在策划着他们的报复行动。在未来的某一天，他们会抢占你的商业机会，或者带走你的重要客户。

正所谓风水轮流转，那些得道多助的人，往往都是平日低调、谦和，懂得尊重别人，甚至是尊重对手的人。你需要公平公正地看待这些初级员工提出的意见，他们可能来自你的团队，他们或许将在该项目中投入最多。虽然他们不是最后的决策者，但他们可能是最了解实际情况的人。你需要尊重每个人的想法，倾听他们的心声，给他们发表意见的机会，让他们觉得自己受到企业的信任和重视。

我们无法判断别人的潜力与将来，所以，永远不要看轻任何人。

罗布·施瓦茨

很多大公司开会时，他们会邀请不同层级的人员一起参加，例如从首席营销官到市场经理，一直到市场专员。当你在会议上介绍你的创意作品时，你需要顾及每个人的感受。如果你只是一味地迎合首席营销官，只与他进行眼神交流或对话，那么你很可能会陷入麻烦。因为每个人的意见都很重要，如果你选择疏远他们，他们的决定可能会对你不利。

不要轻视任何人，其实也是不给自己树敌。我记得多年前，我们向一位客户提出了非常新颖独特的创意，但是他却拒绝了，这让我很诧异。后来，首席创意官李·克劳（Lee Clow）转过头对我说："你知道那个客户是谁吗？他是我们公司以前的行政人员。"我恍然大悟，当时我就在心里想："不能轻视这些年轻人，因为你无法估量别人的底线、背景和际遇。"

玛格丽特·基恩

你有意或无意忽视的那个人，会在十年后成为你最重要的客户或合作伙伴，总有那么一个人出乎所有人的预料。有时候，优异的想法往往来自那些平凡的岗位。每个员工都希望被重视，你可以从他们那里得到很好的信息和反馈。

你需要注意那些年轻、害羞或内向的设计师，有些人会忽视他们，不在意他们在会议上说的话。你需要多花点时间来支持他们的工作，在他们需要时给予支持。我见过他们中的许多人被居高临下的主管不待见，甚至被完全忽视。通常，只有更高层的领导能补救这样的情况。

布莱恩·米勒

你需要把你的潜在客户、不熟悉的同事都视为未来的盟友，这种尊重也能给你在短期内带来好运。当你认真倾听每个人的意见时，你与他们建立起连接。你可以从他们那里得到真实的反馈、评价和公司的各种信息。

> **发言总结**
>
> - 在公司会议或客户会议上，不要轻视和疏远职位低的员工。
> - 不要轻视任何人，其实也是不给自己树敌。
> - 优秀的创意可能来自任何人，不要忽视那些年轻、害羞或内向的人。
> - 你需要尊重每个人，这可以帮助你与他们建立起盟友关系。
> - 办公室里的普通员工通常会更多地参与日常事务，让他们参与到项目中来是件好事情。

MANAGING CLIENTS & HIGHER-UPS

PUT A RING ON IT

客户关系和领导关系

许下坚定的誓言

3.6
许下坚定的誓言

当你在接受创意总监这个职位时，你怀着激动又兴奋的心情说："我愿意！"这就像是在婚礼现场新郎对新娘许下誓言：无论疾病还是健康，无论贫穷还是富有，都爱她，照顾她，尊重她，接纳她。你们将进入一段更深入、更长远的关系，你需要把更多的时间、精力投入公司的管理和项目中来。

当你是一名设计师或美编的时候，你大部分的时间都在创作设计，你只需要偶尔参加会议，在公司会议上展示你的作品，当高层开始讨论时你可以掉头离开。但是现在，你每天都需要参加各种会议，你需要加深团队成员之间的合作；你需要增强员工的凝聚力和向心力；你需要促进与客户的合作关系、维护企业的美好形象。你需要和客户建立良好的信誉度，你需要尽可能多地了解客户的业务和整个行业的情况；你需要研究客户的竞争对手，让客户的敌人成为你的敌人，让他们的担忧成为你的担忧；你需要找出他们的痛点是什么，是什么让他们夜不能寐。在激烈的行业竞争中，你需要帮助客户实现目标，为他们的成功找到出口。

在公司内部你是一个尽职尽责的管理者。你需要了解团队成员的担忧，找出他们的优势和弱点，并为他们的成功投资。当你向他们表达爱和关心时，他们也会支持你的工作。你需要带领他们为公司创造最大的利益，直到新的工作机会把你们分开。

艾莉森·沃森

对你来说不仅仅是一份工作。客户需要你的坦诚和你的激情，他们希望你能真正投入进来。当客户看到你在全身心为他们服务时，他们也会用开放、真诚的态度来面对你。

我为一家从事健康项目的客户做管理咨询。当我看了他们投资项目后，我告诉他们需要关闭12个项目，因为这些项目不符合他们的品牌定位。虽然这些项目曾经让他们风光一时，但是我更看重他们公司的长远发展，我告诉他们我看到和了解到的真实情况，他们也接受了我的建议。

我每天都与财富500强企业的高层管理者打交道。在他们面前，我不会假装什么都知道。我从不隐瞒我的背景。我来自创造型行业，而不是他们所在的行业，我不会假装我和他们地位平等。我会坦诚地说出我的建议和看法，我也有勇气承认我的不足，我会向他们说："我不能向你保证我说的没有错，但我对我的选择深信不疑。"一般来说，他们会听取我的意见。

香农·华盛顿

我们会收到客户的邮件，有的邮件几百个字，全是意识流的反馈信息，也许会让人看得摸不着头脑。但是因为我了解这位客户，我懂她，我通常能分辨出她在说什么。也许我只要简短地回个信息："那就这么做？"她会回答："是的。"我知道这次的广告设计没有达到她的心理预期，我必须更加努力地工作。我知道她面对的挑战是什么，我们必须站在统一战线上，共同去奋斗！

当你和对方发生分歧时，你需要尊重对方的观点。本着求同存异、循序渐进的原则，妥善处理分歧。你需要感受对方的需求，和对方产生一种连接。你需要去感受对方的感受，我不同意你的观点，但我能理解你。

当客户不喜欢和你一起工作时，你必须意识到他们对你不感兴趣，你需要让其他人参与进来。你需要以公司利益和客户利益为重，把个人得失放在其次。只有这样才能与客户建立起信任关系。

> **发言总结**
>
> - 客户希望看到你对他们公司的关心和投入。
> - 当客户看到你是真心为他们着想时,他们会敞开心扉,倾听你的意见。
> - 你需要长话短说,坦诚、直接地表述你的观点。
> - 当你与客户建立起特殊的关系,你会在他心中占据重要的位置。
> - 有共同的目标会加强你们之间的联结。
> - 当客户不想与你合作时,你要有风度地让公司其他人来协调。

MANAGING CLIENTS & HIGHER-UPS

ASPIRE TO BE A CLIENT WHISPERER

客户关系和领导关系

立志成为客户的"耳语者"

3.7
立志成为客户的"耳语者"

"耳语者"是指拥有独特能力的人,他们能通过声音、表情或肢体动作来跟动物、婴儿交流。他们懂得动物的语言。婴儿也有自己的语言,他们会通过肢体语言或者哭泣来告诉妈妈自己想要干什么。

还有一种人,他们能和客户建立起特殊的连接关系,我们称他们为客户的"耳语者"。他们拥有与客户沟通的独特能力。当事情变得紧张的时候,他们是一股平静的力量,能安抚客户的情绪。当客户需要做出重大决定的时候,他们是客户最想听到的理性声音。不管多难缠的客户,他们总能搞定。

你希望成为客户的"耳语者"吗?首先你需要赢得他们的信任,表明你的真诚。你需要听他们说什么,而不是让客户来接受你的想法。你需要对业务有敏锐的理解力,你能给客户带来他需要的重要消息。你需要读懂客户的一个眼神、一个表情、一个不经意的动作。这些肢体语言都是他们心理状况的反映,你需要善于把握这些信息,并适时地给予回应。

如果你能成为客户的"耳语者",你就会给公司创造价值。你的客户会要求和你继续合作,在公司也没人能取代你的位置。你需要尽你所能与客户建立起一种特殊的关系。

邓肯·米尔纳

你希望能尽快解决客户的问题，但是如果客户觉得你只是向他们推销产品，而没有解决他们的实际问题，他们会对你的产品没有兴趣。和我一起在多伦多工作的汤姆·麦克利戈特（Tom McElligott）曾对我说："客户买的不是广告，而是你们之间的信任。"如果客户信任你，他们会倾向于你的设计。

我还记得早年在苹果公司工作时，我将一些户外广告牌的设计图寄给乔布斯，这是关于彩壳版苹果笔记本电脑的广告。设计图上是一群孩子躺在草地上与产品互动。我记得他在周五晚上给我打电话，和我谈起这些广告牌设计。我试图让他相信我的设计很不错，可是他却对我说，"邓肯，他们还不够优秀，苹果值得更优秀的创意。"实际上我并不认为这些创意很棒，我只是想得到他的认可后，就可以开展下一个工作了。在那一刻我才意识到如果只是抱着完成任务的心态，并不能赢得乔布斯的信任。在我做创作时，我必须在心中估量："这对苹果来说是最好的吗？"我必须用心来做好每一个设计。

乔布斯需要诚实和正直的设计师。当他问你，你对你的设计作品有什么看法时，他并不是想让你把作品推销给他，他想要听你的真实想法。你是不是真的觉得这些设计非常棒？他对我们非常信任，因为他认为我们是这方面的专家。

乔布斯的身边都是他非常信任的人，这是一个非常小的圈子。当李·克劳带我去苹果公司工作时，很长时间，我只是坐在李·克劳旁边的那个人。随着时间的推移，乔布斯开始和我建立起信任关系，他会说："李，你怎么看？邓肯，你怎么看？"当他相信你在为苹果做正确的选择时，他会倾听你的意见，他也会重新调整自己的想法。

乔布斯去世后，苹果公司的副总裁菲尔·席勒（Phill Schiller）负责公司的全球广告业务，他成了我们的客户。这些年来，当我们向乔布斯展示产品时，他也一直在乔布斯身边，所以我们之间存在着同样的信任关系。当他开始运营苹果公司应用程序商店（App Store）业务时，他告诉我们："你们从来没有意识到自己拥有这种超能力。你们只需要告诉我，你们认为我应该这么去做，这是最正确的做法。"我还记得当时自己说："真的吗？事情可以这么简单吗？"

山姆·奥利弗

我不喜欢去开拓新业务。有些人会在

与客户的第一次交谈中就表现得很出色，能让所有人都喜欢他，但我不具备那样的魅力。我喜欢去思考我的工作，我会迅速想出解决方法，这会给我带来兴奋和成就感。我不会去为了推销产品说一些违心的话，或者向我不认识的人套近乎。我会与客户建立一种亲密的、信任的关系。我们会一起谈论设计本身，我会直言不讳地说出我的想法。

当你开拓一项新业务时，你的客户会从两个方面来评估你。他们喜欢你吗？他们喜欢你的设计吗？对于新客户而言，你的产品是他们考虑的重点。作为一名员工或供应商，你需要赢得客户的信任。

发言总结

- 成为客户的"耳语者"需要时间。
- 如果客户信任你，他们会和你建立起合作关系。如果客户认为你诚实可靠，你有可能成为他们的"耳语者"。
- 做客户的"耳语者"是一种特权。
- "耳语者"可以让工作变得更好。

MANAGING CLIENTS & HIGHER-UPS

DON'T TREAT INSIGHTS OR IDEAS LIKE BURIED TREASURE

客户关系和领导关系

不要把你的见解或创意当作深埋的宝藏

3.8
不要把你的见解
或创意当作深埋的宝藏

当你做演讲或给客户介绍你的创意设计时,需要开门见山,直接切入主题。你不需要设计冗长的序言,或者用一长串的告诫让客户反感。你也没有必要分享你的个人故事来引起他们注意。

高管们追求的是高效和专业,他们没有时间或耐心来看你表演。绝对不要重复你说的话,你已经说过的观点,没人想再听一遍。你需要塑造一种干练专业的形象,直接切入主题,不绕弯子,不浪费时间,这样会赢得他们的好感。

你需要理解他们的肢体语言,来评估现场氛围。会议到目前为止进行得如何?他们会接受你展示的内容吗?他们是否已经昏昏欲睡?他们是否在问:"这要花多长时间?"他们在看手机吗?他们是否双手交叉?他们是否已经因为你的拖延,开始有了不耐烦情绪或者处在发火的边缘。你应该压缩或减掉你的开场白。或者当现场情况不妙时,你可以说:"或者我们改天再来做展示和说明。"

你最好一开始就说出你的观点,着重突出设计的优势和特点,用最简洁的话语,勾起他们的兴趣。你不用解释每一个细节,你可能会对他们的理解能力感到惊讶。当你学会解读这些信息,并且开始和他们建立起联系时,销售的过程就会变得简单。

赛曼·米勒
（Seema Miller）
广告代理商WolfGang创始人、总裁

莎士比亚的作品教会我"言以简洁为贵"。在大学里，我的新闻老师告诉我"导语不可忽视"。当我进入广告行业，我看到前3分钟都是背景铺垫，主角出戏只有32秒。除了那些创意人员，可能每个人都能明白其中的讽刺意味。我们需要排除一切多余的东西，直到明确的观点脱颖而出。

山姆·奥利弗

当人们东拉西扯，说话不能抓住要点或者把简单的事情说得很复杂的时候，我会开始不耐烦。在我们公司内部，乔布斯禁止员工使用演示文稿来做演讲展示。他认为，如果3分钟就能说清楚的事情，不需要看300张幻灯片。我非常赞同这个观点。我们需要保持事情简单。自从我进入苹果公司的创意部门，我注意到，员工表述观点时非常直接。我们有一些关于公司战略目标的幻灯片，它们短小精悍不复杂。有时候简单也是一种挑战，只要我们能做到，就会给人留下深刻印象。

苏雷·什奈尔
（Suresh Nair）
葛瑞广告公司（Grey）首席战略官

我从我的前创意总监托尔·麦赫伦（Tor Myhren）那里学到了很多，他常说："直接从你的想法开始陈述。"一些广告公司的代表在陈述他们的创意时，他们会做冗长的铺垫。他们会先从策略部分开始，然后他们会说到创意构思，接着首席创意官会说起开场白，之后项目创意主管会说开场白……现在这样的环节已经落入俗套，但这种事还是时有发生。我们称之为"下雨延迟"，因为它推迟了会议的开始时间。

泰德·普莱斯

在做产品陈述时，我们非常强调简洁有力的陈述方式。我们的成功依赖于团队、合作方和粉丝的共同支持。我们需要团队成员支持我们的理念，我们需要向外部合作伙伴推销我们的游戏，并说服我们的粉丝相信我们创造的价值。

我们花了很多时间来改进我们的演示方法。我们认为任何有效的演讲，都包含有一系列重要的因素：简洁性、影响力、互动性、美观性。在一次宣讲中，我们不会将游戏产品的全部做展示，需要突出的可能是游戏的一个新功能：故事情节变化、新的武器设计、彩蛋环节……但最核心的内容还是我们的设计创意。另外，我们还需认识到个体的独立性，不同的受众群体会喜欢不同的风格。我们也一直在调整，试图让每一次的展示都能给人们留下深刻印象。

发言总结

- 开门见山（除非你有内容深刻、有见地的话需要分享）。
- 不要用冗长、复杂的开场白来修饰好的创意。
- 试着用你的观点来引导，而不是复杂的前言。
- 不要试图用冗长的开场白来证明自己过于聪明。
- 简单直接地陈述你的观点也是一种挑战。
- 你展示创意的方式决定你的成败。

THE WORK

关于创作

第四部分
关于创作

  事情开始变得复杂起来。你不再是创意作品的孕育者，现在你的角色转变为一名产科医生，你见证了准妈妈怀胎十月的艰辛；你在产床旁鼓励她们一次又一次地深呼吸；当你看见分娩后的妈妈脸上漾起幸福的笑容，你也为她们由衷地高兴。

  对有的人来说，从持续的压力、间歇性的失望和周末加班的痛苦中解脱出来，他们会长长地舒一口气。但对有的人来说，因为他们失去了创作的机会，他们会感觉到一种巨大的空虚和不安全感，他们会失眠、焦虑，他们会陷入自我折磨的漩涡里。

  激情是生命的原动力。在过去，我们会把所有的激情投入创作中，我们会感到巨大的满足感。现在我们要把激情投入更大的责任中去。我们需要仔细考虑如何推动现在的工作？正如《美女摔跤联盟》的联合执行制片人瑞秋·舒克特所说："有些人不知道如何去激发出员工优秀的一面，他们只会扮演救世主的角色，他们会亲力亲为地解决所有麻烦。"视听设备公司Beats by Dre的首席创意官山姆·卑尔根补充道："当你成为一名管理者时，你需要担负起带领团队的责任。这是你的工作，决定好了的事情就不要回头。"

  我是一个力求完美的人，苹果公司是我曾经的客户，他们对任何细节都精益求精。所以当我第一次担任领导角色时，我会用苛刻的眼光来看待团队成员的作品。对我来说最大的挑战是当员工的作品需要修改时，我不知道什么时候应该让团队成员自行完善，什么时候需要我帮助他们调整，有时候我会忍不住将项目从员工手中夺走。我没有给他们成长的机会，他们不会解决自己的问题，他们的技能发展也受到阻碍。

  另外在对待客户方面，我需要帮助他们争取最大利益，我需要赢得他们的信任。当我和他们出现意见分歧时，我会坦诚地说出我的观点，我会推他们一把，帮助他们离开自己的舒适区。我的一些客户对此很欣赏，他们希望团队中的其他人也能有这样的热情。但有的人却不喜欢我的方式，他们会直言不讳地告诉我的主管，叫我工作不要太拼命！我认识到不同性格的客户对风险有不同的偏好，他们会在心中权衡利弊。我需要了解决策者的背景、性格、喜好，从而采取不同的应对方式。我需要在客户关系和我深信的创作理念中找到平衡。我需要站在更高的角度来审视我的工作和团队成员的工作。如果我太激进地去推动团队成员和客户，会出现什么样的风险？如果我稍有懈怠放松，又会出现哪些弊端？高层管理者应如何参与创造型工作？如果我们失败了，将面临什么样的后果？我们如何来减少工作中出现的失误？如何采取计划和制订措施来降低损失？

　　在下文中，我会提供一些有针对性的措施，帮助我们能更好地适应领导角色，我们会学会如何与客户建立起良好的合作关系，如何提升员工的工作满意度，如何在工作中取得全面胜利！

THE WORK

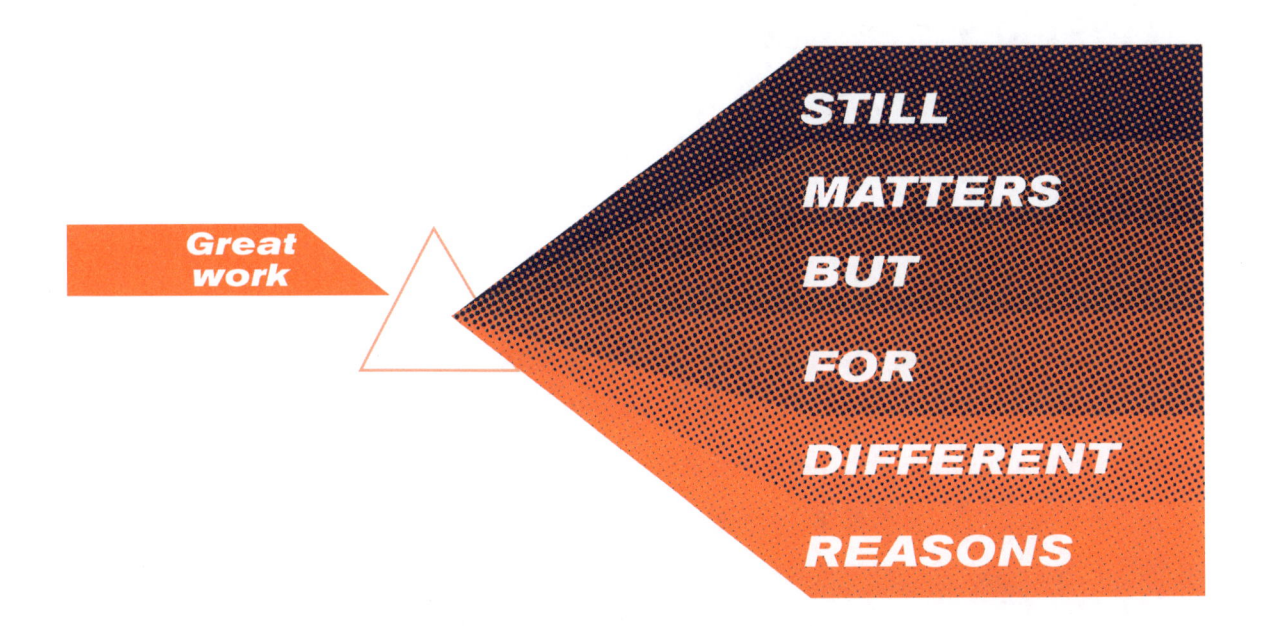

Great work → STILL MATTERS BUT FOR DIFFERENT REASONS

关于创作

优秀的创作依然重要，但原因不同以往

4.1
优秀的创作依然重要，
但原因不同以往

  如果把你的职业生涯比作一条璀璨的星河，每一件优秀的作品就如同一颗闪耀的星星，它伴随你度过黑暗，也照亮着团队成员一路前行。优秀的艺术作品给我们带来的必然是一种震撼，它存在于心灵深处而不是浮于表面。作为一名创意总监，在你手中，当优秀的作品降生时，它会为你带来客户的赞誉、同行的羡慕以及更高的薪水回报。

  你的作品代表了你，它将写入你的个人履历，在你的生命过程中彰显着它的特殊意义。它可以延长你的创作生涯，像我这样，你永远不会觉得自己老了。你需要明白，你的优秀创作会给公司带来更大的价值。作为创意总监，你不仅仅代表你自己，也代表了公司的形象。你出色的作品会吸引新的客户，他们会给公司带来新的收益。你的作品会吸引新的创造型人才，他们愿意向你学习、为你工作。

  因为你的优秀作品得到了行业内的普遍赞誉，这也提升了团队成员的士气。团队里有才华的人愿意留下来安心创作，他们不会心神不定地去想其他的工作机会。最重要的是，这些优秀的作品能帮助你的客户们完成他们的目标，保住他们的工作，从而也能保住你的工作。

大卫·安杰洛

广告代理商David & Goliath创始人兼董事长；
非营利组织Today I'm Brave创始人

在当今社会，创意领导者需要重新定义：什么才能称得上是伟大的作品。也许它给你带来了装满书架的奖杯、勋章和荣誉证书，它给你带来了同行的羡慕和客户的赞赏，但是优秀的作品不是为了满足你的虚荣心而生，你需要站在更高的角度来看待你的创作。

在当今这样一个追求速度与效率的时代，我们更需要一种不惜时间与精力也一定要把工作做好、做专、做到极致的"工匠精神"，优秀的作品不是一蹴而就的，优秀的作品需要产生持久的影响，能够激发起一种社会变革的力量。为了实现这一点，今天的创意团队需要更高的眼界和格局：我们要用自己的创造去撬动对世界的影响！当你这样做的时候，你不仅会被视为一名广告创作者，还会被视为一名社会变革的推动者。

罗恩·拉齐纳

在我们工作室，几乎每位设计师都在同时做着多个项目。当你的注意力不是集中在一个特定的项目上，你会用一种开放的心态去看待你的作品。我们可以敞开心扉，接受彼此的建议，我们共同为每个项目打造最强大的创作设计。

瑞克·科尔比
（Rick Colby）

广告代理商Dentsu前总裁、执行创意总监

当你是一名文案或美编时，你的主要目标是创作出优秀的作品，你需要努力让自己受到别人的关注，你需要向所有人证明：你有创作天赋。当你的职位更高时，你的创作就显得更重要了。它更像是一种手段，而不仅仅是目的本身。你的优秀作品将帮助你开拓新的业务，你会建立起一个良性的循环。

你需要创作出优秀的作品来吸引新客户注意。当你与新客户开始合作时，你的作品需帮助他达成目标。如果你的作品足够优秀，就能成为公司的经典案例，甚至还能在行业中引起轰动。你需要证明这不仅仅是一个作品，你还能给公司和客户创造价值。

当我们准备开始一个项目时，我们的首要目标是帮助我们的客户解决问题。我们不能为了创意而创意，我们的落脚点是满足用户需求，能够给用户带来有益的帮助。一个优秀的作品，如果没有成功的故

事与之相连，那么它就没有任何商业价值。

加州比萨厨房（California Pizza Kitchen）（美国最受欢迎的比萨连锁店之一）找到我们，询问我们如何能增加他们餐厅的客流量？我们选取了他们菜单上的热销单品，制作成广告牌。我们仔细考虑放广告牌的位置和内容的相关性。我们将蒜香鸡肉比萨的广告牌放进牙医诊室，我们把烧烤鸡肉比萨的广告牌放到了洗衣店里。我们的创意引起了人们的广泛关注。

好的创意需要有趣味，内容新鲜，能够激发受众分享的欲望。同样好的创意也要能满足客户的需求。有趣是前提，有用是价值。为加州比萨厨房的宣传成为我们的一次成功的案例，当我们在面对新的客户时，我们会引用到这个案例，这也是我们能在同行竞争中脱颖而出的原因。

发言总结

- 优秀的作品会有持久的影响力。
- 创造力行业领导需要有较高的格局和眼界。
- 你与作品的距离，让你能够比创造者站在更高的层次去思考它。
- 作为一名管理者，工作的有效性显得尤为重要。
- 当你拥有了成功的案例，你就会在市场竞争中脱颖而出。

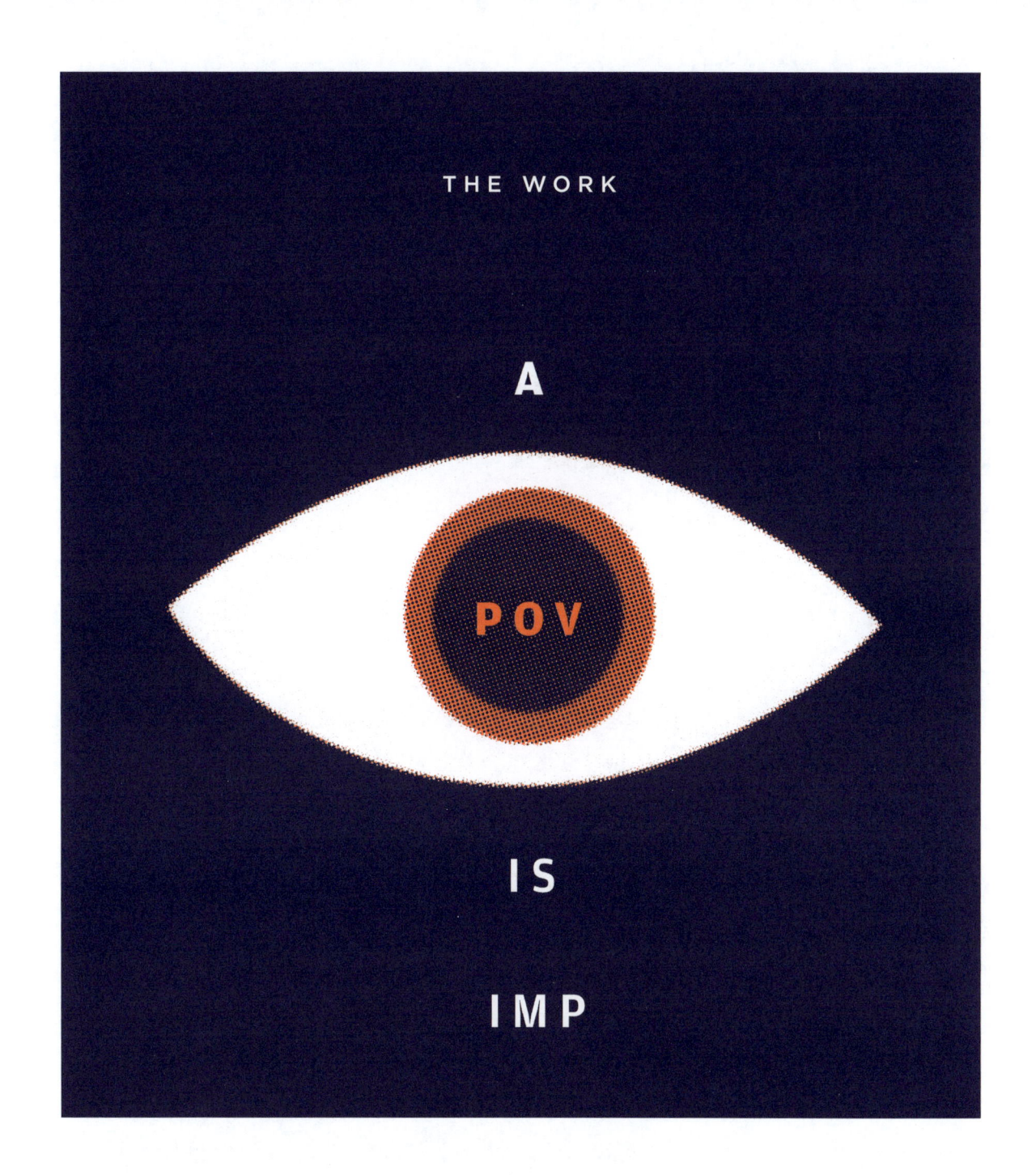

关于创作

拥有自己的观点很重要

4.2 拥有自己的观点很重要

我们的工作看似简单，我们需要站在自己的视角，对团队成员的创意给出评价："我喜欢这个"或"这样会更好"。

重要的是，你需要有较高的审美力和判断力。眼前的创意是否给你留下了深刻的印象？在观点或意念上是否有创新？核心元素和画面场景你是否满意？产品的独特功能或卖点是否能直观地被感受到？你需要理解和表述你的感受，然后向你的团队成员解释这个创意优秀或者不达标的原因？如果不达标，需要怎么样来改进？

随着时代的发展，创意的表现形式也变得新颖，但创意的本质是不变的。你需要让一个新的观点或意念，恰如其分而且完整地呈现出来。你的团队需要你直接、清晰地反馈。当会议结束后，他们确切需要做什么和怎么做？他们还想知道，你是否会向客户或公司里的其他人展示他们的作品？你是否会用同样的方式来表述他们的观点？

如果你的反馈并不能让他们满意，你不能看到他们作品的闪光点或者一针见血地指出他们的问题所在。如果你不能给予他们正确的指导，甚至指引他们去往错误的方向，他们会对你失去信心，不再相信你的领导能力。

你会成为下属的绊脚石。最糟糕的是，你的团队成员将忽视你，他们会把作品直接交给你的上级，你的客户将要求其他人来接手业务。

也许你的工作并没有那么简单。

塔拉斯·韦恩

当我们从创意人员一跃成为创意总监时，我们许多人有可能会犯下一个致命的错误：在我们脑海中没有一个创意的概念。我们没有形成自己的观点，这会导致我们处于一种漂移的状态。我们不知道什么是好的作品，所以，我们会在其中漂移。我们也许会说"当我看到它的时候我就知道了"或者"这还不够"。

但是你模糊的回答会让员工心生困惑，当你脑海中没有任何概念时，员工更会摸不着头脑。这最终会导致创意人员、策略人员、创意主管产生挫败感。他们会士气低落，猜测你到底想要什么。

你需要建立起初步的感性认知，你需要燃烧起强烈的创作欲望，你需要思考，什么是优秀的作品？如何让我们的作品变得优秀？在你的内心要有一套衡量标准。你需调动全部素材积累，把那些最能表现创作意图的理想材料加以选用，让作品在你的头脑中渐渐清晰、明朗起来。

像苏珊·霍夫曼、格里·格拉夫（Gerry Graf）和尼克·劳（Nick Law）这样极具创造力的领导者，他们都有一个共同点，他们会通过想象，把已具雏形的意象进一步具体化、生动化，创造出令他们闻名的优秀作品。尽管他们的工作风格各不相同，但他们脑海中的作品给了他们正确的判断，他们会有自己独特的见解和视角。当他们准备放弃时，他们会用脑海中的作品来解释为什么要放下手中的作品，以及如何再次找到正确的创作方向。

优秀的创意总监不仅能带来优秀的作品，他们在脑海中也能构建出栩栩如生的作品。他们对自己的创作有着强烈的信念。

在企业中，树立共同的信念非常重要。共同的愿景能够激发员工工作的积极性，让员工拥有无穷无尽的激情和创造力。当创意人员、运营人员和财务人员等建立起共同的信念，他们会向着共同的目标齐头并进。相反，如果一个企业没有和员工建立起共同的信念，会形同一盘散沙。没有远见的行动只能是一种苦役。

了解到这一点，我会做出正确的选择，在创意总监的道路上越走越稳。在开展一个项目时，我会陈述我的意图，找到创作方向，然后和团队伙伴一起开始创作。

马特·德瑞尼克

有很多乐队找我合作，我会用我多年的行业经验来评价他们的创作。粗犷的车库摇滚乐队、颓废的迷幻摇滚乐队、自由的嘻哈乐队、愤怒的朋克乐队……我会下意识地给他们分类。当我听到一首新曲子，我会先放一首风格相近的曲子进行对比。我必须对这首歌做出判断，这首歌是否能触动我？它是否带有一种与众不同的力量？如果是优秀的作品，我会试着在录制的过程中做到极致。

苏珊·霍夫曼

丹·维登和大卫·肯尼迪（David Kennedy）都是优秀的企业主。他们给予我们自由创作的空间。

我记得有一次，当我们在为耐克的新产品做广告时，珍妮特、克里斯蒂和我一起向他俩展示了我们的设计，丹和大卫看着我们，有些迟疑地问："你们在开玩笑吗？把英国摇滚乐队披头士（The Beatles）的歌运用到这个广告里不太合适吧？"但是到了那天下午，他俩把我们叫回来，丹说："我们经过反复思考，发现这样的设计很棒！这让我们为之兴奋，就按你们的方案给客户展示。"

他们特别清楚自己要什么，他们有非常强的感知力和洞察力。当我们出现意见分歧时，他们也会尊重我们的选择。

还有一次，我和我的创意伙伴为客户设计了一个新的广告创意，我们绞尽脑汁才想出来一个方案。但丹认为这个设计不太合适。我们争持道："你不是鼓励我们自由创作吗？我们认为这个作品客户会喜欢。"他说："好吧，如果你们非常喜欢，那就展示给客户看吧，但是我保留我的反对意见。"当我们把这个设计展示给客户看时，客户对我们咆哮："我们花钱就是为了买这样的设计吗？"

在回家的路上，我们的心情跌入谷底。丹安慰我们说："客户就是这样的，你们知道失败了，也应该知道从哪里站起来。"丹允许我们失败，允许我们犯错。这一跤我们跌得很惨。你必须跌到你从未经历过的谷底，才能站上你从未到达过的高峰。

大卫·奥耶洛沃

远见是成功的先决条件。但对于领导者来说，即使当你已经有了清晰的方案，你还是需要鼓励员工自己找到解决的办法。让他们学会独立思考和解决问题。你可以给他们一些提示，他们可能会说："我知道你要的是什么。"或者，"我认识某个人（我想到某种方法）能解决这个问题。"能够承认自己不知道也是一种勇气和魄力，当你鼓励员工去探索时，他们会对你尊重并感激。

乔·罗素

我们的成功来自团队所有人的共同努力。当我们开始一个项目，我们会和其他的艺术家一起合作，我们会作为一个团队来策划构思。我们试图用轻松诙谐的方式来传达我们的理念。我们会制作详细的大纲，当我们一起交流时，我们就能够清楚地表达出来。我们试图让每个人都能参与其中。因为每个人都有不同的视角，这样会让我们的故事讲述得更丰满，也能调动每个人的参与热情。

发言总结

- 在脑海中形成清晰的愿景，明确你的创作意图和方向。
- 因为你脑海中已经有成型的作品形象，你会知道什么是优秀的作品，你会以此作为评判依据。
- 你需要拥有自己的评判标准并在可能的情况下不断改进。
- 当团队成员对自己的想法深信不疑时，你需要给他们试错的机会。
- 有时候说"不知道"也是一种勇气。
- 你需要与员工分享你的愿景，并鼓励团队合作和成员参与。

THE WORK

Fingerprints can leave smudges

关于创作

你的指纹会在作品上留下污迹

4.3 你的指纹会在作品上留下污迹

在创意产业，我们有时会看见这样的领导者。他们因为自身的不安全感，或者他们旺盛的创作欲望，他们会对员工的作品画蛇添足。他们会把自己不合时宜的想法加入其中，甚至他们会把员工的设计变成他们自己的作品。我们会对这样的创意总监嗤之以鼻。

这样的管理者不仅得不到员工的尊重，还会给团队带来负面影响。如果你在每个细节上吹毛求疵，你试图通过修改员工的作品来证明自己价值，这会让员工非常沮丧。

你是否对你的团队成员缺乏信心？如果你不够信任他们，不给予他们创作的自由，你会影响员工的士气和他们的工作表现，你会引起公司人员的不稳定。有时候，管理者确实需要对员工的创作进行修改，甚至把自己的想法也加入其中。但这应该是例外，而不是常态。

你是乐团的指挥，而不是试着去演奏所有乐器。你需要想尽一切办法，调动员工的创作热情，让他们自己去寻找答案并找到解决方案。你需要大胆授权，让员工成为企业的主人翁，你需要给员工创造施展才能和价值的环境。他们会再接再厉，继续在创作中完善自己的技能，公司会良性发展。

巴里·韦斯

当你成为公司的高管后，如果你认为员工都没有你有创造力，你对他们的作品吹毛求疵，那么你并不能适应你的管理岗位。你需要给予员工时间，让他们成长。也许经过一段时间的历练，他们会自己意识到："我是一名制作人，但我还不够优秀。"他们也许会想："我在编曲方面有能力，但我的作品还欠火候。"

在我看来，一些优秀的棒球教练并不是明星球员，也不是有天赋的运动员，他们曾经只是一名不起眼的球员。他们经历过事业的低谷，他们看到了业内很多人的起起落落，所以他们会更有同理心。

有许多唱片制作人、词曲作家或艺术家都想晋升成为唱片公司的高层管理人员。但很多时候，他们不能认清自己的角色定位，他们分不清工作的轻重缓急。这会给公司带来很多麻烦。回顾唱片业发展历程，你会发现很多艺术家成为高层管理者的失败案例。他们无法从一名优秀的艺术家转型成为一名成功的商人，他们扼杀了其他艺术家的创作能力，现实就是如此。艺术家往往有孤傲的气质和自恋情结，他们不希望自己在创作过程被人指指点点。他们希望你能推动他们去做出优秀的唱片，但你不能与他们竞争。你需要把握好这个尺度。

安东尼奥·里德（Antonio Reid）是优秀的音乐人和企业家，他拥有优秀的创作能力和卓越的艺术视野。当他是一名音乐制作人时，他出品过歌手玛丽亚·凯莉（Mariah Carey）的专辑《天后再临》(*The Emancipation of Mimi*)、蕾哈娜（Rihanna）的专辑《娜喊》(*Loud*)、贾斯汀·比伯（Justin Bieber）的专辑《我的世界》(*My World*)、艾薇儿（Avril）的专辑《展翅高飞》(*Let Go*)等无论是商业和口碑都取得过不俗成绩的音乐作品。但是当他成为公司高层管理者后，他不再参与唱片制作。这是一个转折点，他做出了改变。他不需要再坐在录音棚的控制台后面，像以前那样参与监听或创作。每张唱片的具体指导是制作人的工作。作为公司的高管，他是公司的灵魂人物，他需要在大方向上监督掌管公司的艺术风格。

这是最好的方式：在某一天，你突然停止了手中的创作。你成为一名领路人去成就身边的人。

安格斯·沃尔

也许是因为年岁增加，我对名利得失越来越不看重，我不去想个人的成就，当看到别人成功我会感到欣慰。我会从中得到极大的满足感。如果你是一个有创造力的人，你就需要尽可能地把你的创造力发挥到极致。你需要把你想要创造的欲望，变成一种创造的能力，进而变成一种创造的环境，让其他人共同参与到创造中。

我喜欢我的新角色，我有很大的自由。作为公司的管理者，这是一份担当，你承担的是公司一群人的未来。我会和员工交谈、和客户沟通，我需要拓展业务，去认识更多的行业精英。我会从他们身上学到很多。我会回归到创作本身带给我的满足感中。面对纷繁的诱惑时能静下来思考，它能给我带来更多。

艾丽西亚·多特
（Alicia Dotter）

亚马逊公司高级创意总监

当我给新经理提建议时，我会用新手妈妈这个角色来打比喻。新手妈妈在最初的时间会感到对宝贝手足无措，力不从心，甚至开始怀疑自己是否能够胜任妈妈这个角色。

你需要给自己时间，来适应你的工作岗位，你需要给自己重新定位，你不仅需要全情投入，还要通过不断地学习，培养自己各方面的技能。

有一天，在公司的会议上，你将笑逐颜开。因为你的设计团队在你的带领下开创了一项新的业务，然后你会意识到：这就是你的工作。

邓肯·米尔纳

你持有你的观点，你会不由自主地形成自己的想法，但你需要有开放的心态，愿意接受身边人的观点，他们会带给你意想不到的惊喜。一旦你能做到这一点，这份工作就会变得非常有意思。让我们用一颗豁达的心去遇见惊喜，迎接美好！

罗恩·拉齐纳

你需要将你的指导提升到一定的高度。你可以在整体布局上给予指导，其他的交给设计师来做吧！如果你想控制一切，你会扼杀他们的创作能力，他们会感到沮丧。这是设计师每天的工作，他们会比你更了解实际情况。他们会在创作的过程中找到灵感，你要允许他们去创新、挑战，去打破常规。

有时候，我们会接到一个令人兴奋的项目，我很想来完成这个设计，但通常情况下，我会画一些草图，然后我会把它交给别人去设计。在过去，我会重视每一个细节，但现在我更喜欢着眼于整体的布局。

如果你真的需要自己设计一些东西，你可以找到合适的项目来做。现在我在设计我自己的家，因为这是一个可以放松自己、减轻工作压力的地方。

大卫·奥耶洛沃

作为领导者，你需要知道什么时候该退步，什么时候该介入。有的领导者会错误地认为：领导者的工作就是需要随时给员工引领和指导。也许当员工信心勃勃地提出新创意的时候，你给员工当头一棒，这对他们的自信心和创造力都是致命的打击。你没必要每时每刻都进入管理的角色，让自己和员工处于紧绷的状态。正如马丁·斯科塞斯（Martin Scorsese）所言："导演90%的工作是角色选定。"为一个职位或一个角色找到合适的人选是关键。

以我的经验来看，管理者的首要任务是选对人。你需要选择足够自信和有创造力的人，他们对生活充满了热情，能够很快融入集体，他们很清楚自己想要什么，给予他们一片天地，他们就会茁壮成长。

我遇到过这样一位上司，他属于完全控制型。他对我们犯下了一个根本性的错误，他会严格规定每一个演员、每一个工作人员的发型、妆容，他会教每一个人如何做他们的工作。在他的领导下，我们从来没有拍出好电影或做出好的项目，因为他剥夺了其中的乐趣。他给我们布置任务，剥夺了我们完成任务的能力。

我认为，作为管理者最糟糕的情况就是你事无巨细地去管理员工，束缚他们的自由。当你在招聘新员工的时候，你选择了那些有才华和有专业知识背景的人才。你要信任他们，让他们去探索，去施展他们的创造力。当然你仍然需要督促他们，提出你的建议。

当我在做导演，拍摄我的第一部影片时，没有什么棘手的事情需要我去解决，因为我的团队成员很让人省心。当你找到了合适的人选，他们自然会理解你的想法，我不会直截了当地告诉他们如何开展工作，因为他们自己知道如何推进和开展工作，我只要确认他们没有走得太远，或者和我想表现的东西偏差不大。

戴维斯·古根海姆

导演就好比军队的最高指挥者，你需要为剧本找到恰当的表达形式，负责整部剧的艺术准则。这是你的工作，你需要告诉人们该做什么和怎么做。通常，为了影片的呈现效果，你会和团队成员发生争论，你可能会变得情绪激动，甚至歇斯底里。作为一名导演，你的工作就是捍卫你的创作风格："我们必须要这样做！"

我经营着一家工作室，我拥有一支创作团队。在工作室创立初期，我很固执，听不进别人的意见。团队成员的创作热情受到打击，我失去了他们的尊重，有的人因此离我而去。我渐渐明白：一个作品的诞生就像一个生命的诞生。从构思到拍摄到产出，这是一个复杂的过程，是一个连贯的过程，是一个合作的过程。我不能再采取独断专行的方式。

这些年来，我学会了倾听。我鼓励人们向我挑战。有时候，在我心里，我还是认为我的方案好。但我会尊重理解他们，因为他们是项目的创作者和实践者。我会给这些有才华、有创作能力的艺术家自主权。另外我会避免和那些"好好先生"合作，因为他们缺乏主见和创新能力。

发言总结

- 在艺术家和管理者中，选择一个角色。
- 当你从创作者晋升为管理者时，你需要时间来适应角色的转变。
- 作为唱片制作人你不能与你的团队成员竞争，不要让他们感觉工作受到挑战。
- 以前你在自我创作中寻求成就感，现在你需要从团队成员的成功中获得满足感。
- 你可以在工作的方方面面发挥作用，找到你的价值和满足感。而不仅仅把精力集中到一件事情上。
- 你需要成为一位欣赏员工、不干涉员工自由的管理者。
- 你需要接受员工的想法和创意，他们会给你带来意想不到的惊喜。
- 你需要知道什么时候后退，什么时候介入。
- 微观管理剥夺了人们的主观能动性。
- 当你事无巨细地管理员工，他们会感到非常沮丧，他们甚至会选择离开。
- 你需要去激发员工的主观能动性，培养他们解决问题的能力。
- 当你想要施展创作能力的时候，你可以找到一些适合自己的个人项目。

THE WORK

Maintain a Culture of

CONSISTENCY
CONSISTENCY
CONSISTENCY
CONSISTENCY
CONSISTENCY
CONSISTENCY
CONSISTENCY

关于创作

保持你的观点前后一致

4.4 保持你的观点前后一致

对于员工来说，当他们收到上司前后矛盾的反馈时，他们会不知所措，甚至非常沮丧。当然作为上司的你有权力改变你对某件事的看法。但如果这成为你的一种习惯，这会降低你在员工心中的地位，他们会认为你是一个出尔反尔、不负责任的人。长此以往，公司内部管理也会陷入混乱。

你需要尽量保持你的观点前后一致。人们会回想你之前说过的话，他们会慢慢熟悉你的喜好，适应你的思维习惯。如果他们知道你不喜欢肢体夸张的表达方式，知道你讨厌黄绿色，知道你不喜欢用第一人称叙述或听到双关语，那么他们就会在创作中尽量避开这些元素。

当然你有权力改变你的想法或开始喜欢一些新的东西，但是你要意识到混淆信息会产生严重的后果。当员工不知道靶心在哪里时，你却总要求他们去击中靶心，这会导致他们的挫败感增强，而挫败感会抑制他们的创造力。你需要保持始终如一的观点或想法，这将赢得团队成员的信任，有助于你创建团结、和谐、有活力、有创造力的团队。

玛格丽特·基恩

我试着不让自己成为一个固执己见、独断专行的人。我不希望打消创意人员的积极性，因为我有一大堆的问题急需他们去解决。我会尊重他们的意见，理解他们的难处。

我曾见过有的领导者对双关语情有独钟。当然双关语在广告中可以加深语意，给人留下深刻印象，但如果在每个广告中都使用双关语来表达，对员工来说是很苛刻的，最终可能导致他们很难创作出优秀作品。

我常对员工说：当我们有时间去探索的时候，给自己一点压力，放飞你们的想象力，去创造无限可能。我们需要跟随战略目标，保持前进的方向和动力。但现实中我们可能会遇到各种各样的麻烦：有可能客户突然改变主意了；或者主办方认为我们的方案偏离了主题；甚至超级碗（美国橄榄球联盟的决赛）的预算被削减，我们只能做小尺寸的横幅广告。面对这些突发情况，我们需要及时调整我们的方案。

有的领导者只会给员工带来一些不完整的信息，我会坦诚地告诉他们所有的事情。因为我们是搭档，我们要同风雨、共进退！当我做任何重大的决定，我的团队成员会提前知晓，他们清楚、明确地知道如何去做。

泰德·普莱斯

当我们准备开发一款全新的游戏时，我们通常会进入未知的领域。我们试图让艺术和科技结合，带给人们全新的感官体验。在这里，没有标准答案和固定模式。抱着这样的理念，在开始创作之前，我们会花很多时间来反复思考。如果我们想到更好的想法，我们便会推翻之前的设计。在游戏设计的过程中，我们也会经常调整设计方案。

对于设计师或程序员来说，改变往往会带来工作量增大，他们可能会难以接受。我们需要向他们解释：我们为什么会改变决定？这很重要，我们可能很容易忘记向团队成员解释。他们可能会想："这个人真的很善变""他又在胡言乱语了""他没有真实数据支持就做出了决定"。

我们需要向我们的设计师、创意人员或董事会成员解释我们改变方案的原因。他们可能会质疑我们的动机，挑战我们的权威。但最终，他们大多会接受我们的提议，或者我们一起找到更好的解决方案，我们会向着一致的目标前行。

马修·沃德

我们要用发展的眼光来看问题，有时

候改变不可避免，我们会面临新的挑战和选择。为了让团队中每个人都能清楚我们的靶心，大家需要尽早达成一致性的意见，这非常重要。

也许团队成员经过思考、探索后发现，我们从一开始方向就错了；也许当一个新的想法出现，它又证明了我们最初的选择是对的；也许这个项目是需要做一些调整。在任何创造性项目中，如果改变方向的时间太晚，通常会给团队带来负面影响。因为我们花费了时间、精力在这个项目上，没有人舍得丢弃这些优秀的作品。

发言总结

- 当你在给予员工指明方向和反馈意见时，需要明确地说出你的观点，并且保持你的观点前后一致。
- 在与人沟通交往的过程中，人们更欣赏观点前后一致的人。
- 如果你的观点、风格或品味固守不变，可能会限制你的创造潜力。
- 你需要坚持前进的方向，同时让人们意识到潜在的变化。
- 当你在做任何决定时，记得向团队成员解释原因。
- 如果你允许人们反对或质疑你的提议，他们有可能更容易接受你的想法。

THE WORK

LESS PUSHING MORE PULLING

关于创作

选择与人合作而不是与之抗衡

4.5 选择与人合作 而不是与之抗衡

作为创造型团队的领导者，当我们接到一个新的项目后，我们会在头脑中栩栩如生地构建这个作品，我们会推动身边的人一起让这个项目落地。我们会指导团队成员怎么做，我们甚至会强迫他们按照我们的想法去做。有的人可能会持有反对意见，他们会提出别的想法。一旦有人说，"如果你……"我们会打断他的话，"嘘，别说了！"为了保证我们创意的完整性，我们会坚持己见、奋力抵抗。

你需要明白：优秀作品的诞生过程中都少不了一些小的冲突。这些反对的声音会从另一个视角为我们带来价值，我们需要用一种批判的眼光来看待事情，我们需要倾听这些反对的声音。这有助于建立起团队成员的相互信任和支持。你需要采取团队协作的方式，而不是通过强制的手段或试图绕过反对你的人。不管他们是你的团队成员、公司的其他领导者，还是你的客户。

你怎么做和你做什么一样重要。当你在考虑某个项目带来的短期收益时，请考虑与项目中的人合作而不是与他们对抗，这将会给你带来长期收益。

从长远来看，持对立观点的人可能对你会更有利。因为在经过激烈的碰撞和交流后，你们的距离可能会更近。他们可能会理解支持你；他们可能会愿意加入，一起来推动这个项目；他们有可能为你提供更多的帮助。下次当你遇到一个新的项目时，你会发现在你身边有了更多的支持者。个人因为团队而更加强大。

山姆·卑尔根

在我职业生涯的早期，我就开始思考，"当面对这样的问题，其他人会怎么做？"我不是一个保守、固执的人，我愿意接受身边人的建议，我认为如果固守自己的想法，可能会导致工作平庸。每个人成功的背后，都离不开团队的支持；而每一个团队的成功，都是全体成员齐心协力的结果。

我们在照片墙（Instagram）上有近400万名粉丝，最近我们决定删除我们主页上所有的内容。我们决定重新开始，改变一切。没有运动员，没有音乐家，也没有奢华派对。对一个品牌来说，这是一个巨大的转变。因为这是长久以来，我们在人们心中建立起来的形象。当我们重新定位、重新启程时，我不知道能否成功。依据一些理论支持，我们用了两年的时间来做测试，但我们仍然举棋不定。有一天我们收到了一条外部信息，这条信息引发了团队成员的诸多讨论。最后我们达成一致意见："好了，是时候一起行动了！"

当然我们有可能会面临失败，但这是我们共同的选择，不管失败与否，我们都会坦然接受。

戴维斯·古根海姆

我是一家影视工作室的负责人。在我的团队里还有其他的几位负责人和导演。作为一名导演，我是一个目标明确、以结果为导向的人。有时候我会比较激进地推动一个项目，我的特立独行引起团队成员的不快：他们会觉得自己的权力被剥夺，有的人甚至离开了我的团队。

有一次，我要求我的执行团队为一部电影制作特辑，我想让我们的投资者能早一点看到这部电影的亮点。但是我的团队成员提出了反对意见，因为这部电影还在拍摄当中，他们认为现在做特辑还为时过早，不会达到理想的宣传效果。但我态度很坚决，我坚持要求他们这么做。他们按照我的要求做了，但是这个特辑效果差强人意，导致投资方差点撤资。我的团队成员没有因此感到难过，他们反而说，"是的，我们早就预料到这个结果。"他们是在责怪我没有听取他们的意见。我明白了：我可以强迫他们做事，但如果他们是因为被逼无奈而选择服从，他们不会投入激情到创作中，那么这件事就不值得去做。

这如同钓鱼，你需要等待鱼儿自己上钩，当它们开始一口一口地咬鱼饵时，你再用力往上拉。从那以后，在公司会议上我尽量少说话，我会等待团队成员自己找到解决方案，我会鼓励他们说出自己的想法，我会让他们拥有更多的自主权。

布莱恩·米勒

当某人带来一个新创意，这个创意是如此具有感染力，以至于公司里其他员工和客户都想参与其中。这是一种非常棒的感觉。

但大多时候，创意本身不会具有如此大的吸引力。你需要邀请其他人加入，你需要学会如何表达。我一般会对身边人说："我们有一个初步的设计方案，我很想听听你们的意见，让我们一起来想一想吧。"事情就是这么简单。

发言总结

- 在团队中建立共识，有助于推动项目成功。
- 个人因为团队而更加强大。
- 让其他人参与进来，你可以听到多元化的观点。
- 如果你太过强势，会引起团队成员的不快，会扼杀他们的创造力。
- 让团队成员参与进来，让他们成为创意的开拓者。

THE WORK

FALLING ON TOO MANY SWORDS KILLS CREDIBILITY

关于创作

选择"亮剑"的时机

4.6
选择"亮剑"的时机

无论你是在做研发设计创意、文化传媒创意，还是咨询策划创意，在创意产业的任何领域，你都可能会遇到这样的情况。为了让你的创意通过，或者让你的想法落地，你需要赢得人们的支持。当出现反对意见时，你会据理力争，在某些极端的情况下，你不得不孤注一掷，拿你的名誉甚至工作去冒险。

也许你赢了，也许你会失去。希望你能胜利吧！有的事情值得你为之奋斗。但是如果你太过拼命，你就会付出代价。

当你表现出了一种强烈的信念，这会让其他人质疑他们自己。但是当你经常表现出这样强势的态度，其他人就会开始质疑你。你可能会被认为是死板固执、教条主义、争强好胜、不够成熟、目光短浅的人。作为一名创意产业的领导者，你更希望被认为是踏实上进、胸襟开阔、有团队协作精神的人。如果你多次为了捍卫你的观点，与人争斗、起冲突，你的观点会逐渐黯淡。人们会对你越来越不信任，即使你确实拥有充分的理由。

你需要小心地选择"亮剑"的时机。决定它是否真的值得。这是否真的会影响整个项目？还是为了一个只有你自己知道的细节？你还有其他因素需要考虑：你是否有机会改变人们的想法？你的对手是谁？面对你的强硬立场，他们会怎么做？他们的影响力有多大？这件事潜在的负面影响是什么？

你需要把握好"藏锋"的技巧，并掌握好"亮剑"的时机。如果风险大于回报，短期收益会让你付出更大的代价，你应该考虑收起你的剑，把这个机会留到以后吧。

玛塞拉·科德
（Marcella Coad）
亚马逊公司创意总监

公司文化是一个非常重要的因素，它决定了你是否应该站出来，为了你的观点据理力争。如果你处在一个开放包容的企业环境中，人们乐于接受失败，也敢于挑战权威，那么也许你应该更频繁地选择"亮剑"。

但你不能凭你的直觉一意孤行。在亚马逊公司，如果你为了争取某个项目，你必须要有坚实的数据、信息或证据来支持你的观点，你需要做策略分析、研究报告，你需要得到赞助方和团队支持。如果你用"我真的很喜欢"或"请相信我"，这会显得苍白无力。

对我来说，争取到团队支持是我需要学习的一项技能。我认为这取决于你说话的方式，你可以用一种有说服力的方式，或者用一种让人觉得好斗的方式。你需要考虑到人们的主观意识和个体差异。你得了解身边的人，他们愿意接受挑战吗？你需要知道什么时候应该不甘示弱，什么时候应该收敛锋芒。

当我的职位越高，我看到身边越少的人会为了保住自己的工作奋力抗争。在过去，他们可能更不屈不挠，但现在他们似乎更谨慎地选择他们的工作方式。据我所知，那些争强好胜的高管在公司都不会长久。

亚马逊公司的运营原则之一是：作为领导者，如果你不同意任何提议，你有义务质疑。你不能因为妥协更容易，而选择委曲求全。对我们来说，我们会为了反对某件事而战，也会为了支持某个观点而据理力争，这是同等重要的事情。

马修·沃德

当面临重大的机遇和挑战，我身边的创意人员都会询问我的意见。对导演来说，为了拍摄某个镜头，你需要选择合适的拍摄角度、恰当的拍摄光线。身边有人会给你出谋划策，但如果根据过往的经验，你更愿意相信自己的感受，那么你需要坚持自己的观点和对艺术的理解。

你需要权衡利弊，清楚这件事带来的影响。你需要知道你在和谁说话，他们的反应可能是什么？如果你已经与他们建立起信任关系，这有助于让你的观点更有说服力。

> **发言总结**
>
> - 当你准备为你的观点据理力争时,你需要权衡利弊。
> - 你需要确保你的企业文化能够接受具有挑战性的观点。你需要了解相关人员的背景和性格,并且考虑现场的气氛。
> - 选择你的战斗,你需要有坚实的数据、信息或证据来支持你的观点。
> - 这是一门艺术,你需要把握好"藏锋"的技巧,并掌握好"亮剑"的时机。
> - 你需要了解这件事带来的潜在影响。
> - 如果你已经与他们建立起信任关系,这有助于让你的观点更有说服力。

THE WORK

TAKE RISKS

BUT MITIGATE DISASTERS

关于创作

评估风险，将损失降至最低

4.7
评估风险，
将损失降至最低

在创意产业，风险无处不在。我们制作一部高成本、大制作的电影，上映后却票房惨淡、口碑不佳、赔得一塌糊涂；我们制作的节目收视率直线下滑，观众的评价是清一色的差评；我们策划的营销活动没有达成销售目标，客户非常不满意；我们设计的商标、饼干包装、圣诞贺卡或应用程序等，客户或受众反应平平，当梦想变成泡沫后，我们感到失望、后悔。

失败意味着从头再来，但如果这是一场巨大的灾难，你的损失会更惨重。降薪、失业、破产、倒闭，越来越多的坏消息拉扯着我们的神经。

风险不期而至，如何将损失降至最低？你需要评估每个项目的风险级别，并对你的抗压能力进行测试；你需要假定遇到极端不利的情况下，可能发生的损失；你需要诚实地告知客户将面临的风险，这样当事情没有按计划进行时，他们才不会措手不及。

你需要了解客户的期望是什么？潜在的问题在哪里？你能保护自己和团队成员吗？这个设计有没有触及敏感话题或文化热点问题？这个项目对公司来说意味着什么？什么因素会导致失败？当项目越重要，越需要对项目进行风险管理，以免一个小小的失误引发一场巨大的灾难。

池田强

本田公司是一家以创新著称的公司，创新意味着改变，创新总是伴随着风险。第一个吃螃蟹的人是令人佩服的，当你成为行业里踏入未知领域的第一人，你要有突破自己的勇气、敢为人先的锐气！拥有创新能力的人会有更强的适应能力，他们能更自然地适应新的环境。

我们公司拥有众多研发、工程师和销售人员。我们喜欢用数字、图表相互交流，我们会用逻辑分析帮助决策。同时我们以"梦想"作为原动力，推崇员工创造性、自由豁达的企业文化。我们会在逻辑和创造力之间找到一个平衡点。当我在设计部门的时候，我们的工作内容之一就是说服工程师能从不同的角度看待汽车设计。

就像电视剧《星际迷航》（Star Trek）里的两个主角：柯克（Kirk）和史波克（Spock）。柯克是个喜欢到处追求刺激和冒险的男孩，行事全靠直觉，做事冲动。而史波克做事冷静、沉稳，遇事善于总结分析。同时进入军官学校的柯克和史波克从任何角度看都是两个完全不一样的人，但他俩却成为荧幕最佳拍档。

如果《星际迷航》里只有柯克舰长，那么他会在第三集便驾驶"进取号"飞船直接飞向太阳；但如果这部剧里只有史波克，那么进展可能会非常缓慢，一切都会非常谨慎，他哪儿也去不了。

理智与直觉的心理斗争几乎贯穿了《星际迷航》的每一集。没有任何数据能够百分之百地保证任何事情或预测未来，在某些时候，你必须像柯克舰长那样，相信自己内心的选择。

互联网时代实现了信息的爆炸式生产和裂变式传播，人们会把数据当作判断决策的依据。但如果等待你整理搜集齐所有的数据，当你百分之百确信它会成功，到那时你已经错失良机，因为新产品已经问世。每个人都在看同样的数据，谁能在早期抓住数据的关键点创造价值，谁就是赢家。

不冒险风险会更大。因为如果你不去创新，你就没有任何机会。当然我不是说你完全依靠直觉横冲乱撞，你需要找到一个平衡点，让理智由创造力驱使，创造力受理智驾驭。你需要柯克的冒险精神，如果时间允许，给人们带来史波克的安全感。

山姆·奥利弗

当你是一名创意工作者而不是领导者时，你不会太在意后果。你愿意去承担风险，因为如果出了问题，你不必为此承担全部责任。作为一名创意工作者，你的未来取决于你的创造型工作。如果你只能带来一些平庸之作，你可能在行业里生存都面临困难。所以你必须去创新，对你而言，最大的风险是在原地踏步，裹足不前。但随着时间的推移，当你成为公司的领导者时，你开始变得小心谨慎，你会权衡项目的风险，你会考虑到自己和团队的利益。

在来苹果公司工作之前，我在一家广告公司工作。每天总有客户经理到片场来看我们拍摄，他们需要确保广告拍摄的质量和效果。

当我来到苹果公司担任创意总监后，我更像是那些片场的客户经理，我必须是那个身先士卒的人。我需要充分运用各种资源，把握客户需求；我需要关注行业发展的潮流，进行优化创新；我需要分析潜在的结果，找到应对风险的解决方案。当你投入越多，准备也就越充分。

我们是一个团结、奋进、朝气蓬勃的团队，当面临风险和挑战时，我们风雨共担、荣誉共享。在我们的工作中，我们经常会问："这是苹果公司的风格吗？""这是苹果公司会做的事情吗？"通常答案可能是，"不，这感觉不对。"这会迫使我们继续思考，"虽然我们以前没有做过，但也许我们现在应该去做！"我们会一起讨论，我们会评估这个创意的风险。这通常是一个集体决定，当我们达成共识，我们会注视着对方的眼睛说："如果出了问题，让我们一起来承担责任。"

大卫·奥耶洛沃

在创意和商业之间存在着千丝万缕的联系，他们有着经济互利关系，他们也是矛盾的共同体。作为一位创意工作者，你想要有突破性的感觉，你想要获得业界的好评，你想要创新。但通常情况是，商家不愿意承担风险，他们希望能吸引到更多的潜在客户，创造更多的商业价值。你们的动机相互冲突，当你的合作方追求利益最大化，你如何创造出有价值的产品？

让两者结合的唯一方式就是你对项目产生坚定的信念和高度的热情。你要让你的客户感受到，你的创作目的是帮助他们实现利益最大化。我们在行业待的时间越久，我们就越能感知到每个项目存在的风险，我们也试图用各种办法尽可能地降低风险。其中的一个最有效的办法就是用我们的热情和信心给身边人带来安慰。

> **发言总结**
>
> - 当你踏入未知的领域,你要有突破自己的勇气,并且适应新的环境。
> - 理智由创造力驱使,创造力受理智驾驭。平衡这两者的关系,避免灾难的发生。
> - 没有任何数据能够百分之百地保证任何事情或预测未来,你需要运用基于经验的直觉。
> - 不要让数据阻碍了你的创造力。
> - 不冒险会承担更大的风险。
> - 领导者对项目承担责任,你需要评估项目的风险水平。
> - 在承担风险时,你需要得到决策者的支持。
> - 信念和激情有助于人们去面对风险。

THE WORK

Awards should be the fortuitous result of smart work, not the goal.

关于创作

获奖是偶然结果，而不是奋斗目标

4.8
获奖是偶然结果，而不是奋斗目标

　　随着近年来创意比赛与创意节层出不穷，我们应该如何选择？这些比赛真的值得参加吗？作为一名创意总监，也许这些比赛和奖项对你来说很重要。但你需要记住：你是在为客户创造价值。你工作的目的是给客户创造最大利益。也许你会尝试突破性或颠覆性的创意，你会带领客户走出他们的舒适区，但是你创作的基本原则是为了扩大品牌的影响力和达成客户的商业目标。你不能为了某个奖项，为了你自己或团队赢得荣誉而对客户的要求置之不理。

　　当你出色地完成了任务，你为客户创造了价值，也得到了行业的普遍赞誉。也许正好因为一个偶然的因素让你捧回了奖杯。获奖是偶然的结果，而不是奋斗的目标。你需要小心谨慎地处理这两者之间的关系。如果客户认为你的创作是为了你的个人荣誉而不是他们的利益，这将会破坏你们之间的信任关系。

蒂姆·利克
（Tim Leake）

广告代理商RPA高级副总裁、首席营销官

受劲量兔（Energizer Bunny）广告形象的吸引，我进入了广告业。当我第一次看到这个广告时，这只长着长耳朵、用前爪敲鼓的劲量兔子，它让我惊讶，让我欢笑，让我一次又一次地记住这个电池品牌。这只小兔子成为长久、坚持和决心的象征，它赢得了当时所有的广告行业奖项。也点燃了我立志进入广告行业的热情。

非常巧合的是我的第一份工作就是负责劲量兔的广告宣传，我加入了广告公司TBWA做一名初级文案，我很兴奋能进入这个行业。我喜欢用我的创作给人们带来惊喜，这些创意十足的广告，与生活相融，让人们倍感亲切。这也和公司的发展目标相吻合：服务于人，瞄准公众需求。

但在现实中，我发现创意工作者会把精力和热情投入比赛获奖上。当我努力为客户创造价值时，我的同辈为了获得荣誉和奖杯奋斗。作为一名年轻的创意工作者，我感到非常困惑。

戛纳狮子创意节（Cannes Lions）是广告人一年一度的创意盛会，业内最前沿最潮流的思想都能在这里相互碰撞，每年广受观众和专业人士喜爱的广告佳作也会在这里汇聚一堂。毫无疑问，能够入围的基本上都是一些有实力的广告代理商制作的优质广告。它们不受现实因素、制作预算束缚，也不会被客户的要求拖累。大多数在颁奖典礼上获奖的作品都是为了参加颁奖典礼而创作。与此同时，与大众和流行文化产生共鸣，推动商业成功的优秀作品正在减少。我认为这并非巧合。

当你从一名创意工作者晋升为一名创意总监，你有机会重新调整你的工作方向，这将成为你人生中重大的转折点。你有没有注意到，人们在高中的受欢迎程度并不能很好地预测成年后的成功。我见过许多在广告行业的青年才俊，年纪轻轻就获得了奖杯和荣誉，但是随着年龄的增长，他们越来越找不到工作的方向。因为他们从来没有意识到在广告行业除了奖项还有更重要的东西。在创意产业，成功的领导者是行业里的常青树。他们会将创意和商业更好地结合。他们制作广告的终极目标并不是为了拿奖，而是为了服务品牌商，达到营销目的。

你不想在45岁的时候还找不到人生的方向吧！你需要把注意力转移到正确的事情上，你的团队伙伴会因此感谢你，你的客户会因此感谢你，这也会帮助你赢得更多的奖项！

山姆·奥利弗

在广告行业，评价一个人是否有创新能力的标准就是你获得了多少奖项。这是你升职加薪的有效筹码，也是你能获得新的工作机会的有效途径。

当我在伦敦工作的时候，获奖是头等大事。为了能在比赛中获奖，我们会做很多准备工作，有时候这些比赛不涉及产品，没有商业目的。但是我们需要去猜测评委的喜好，去揣摩评审团的意见。我认为这可能会对设计师的工作带来潜在的负面影响。因为当你过度关注外部奖励，内部动机就会缺失，当得不到奖励或荣誉时，会极大地打击你的创作热情。你需要拥有更广阔的视野，如果一味追求创意而忽略产品诉求，就是舍本逐末。

当我来到苹果公司工作的时候，最让我感到欣慰的是：苹果公司不把获得奖项看成工作的重点。我们的关注点在产品和用户的使用体验上。

作为创意总监，创造力必不可少，但此外还需要你的沟通协调能力、领导管理能力、执行决策能力、团队协作能力。你需要与公司相关部门以及团队成员密切配合完成设计策划工作，你需要担负起更大的责任。

发言总结

- 创意工作的首要任务是完成商业目标。
- 成为管理者，你将受到更多人的关注，也意味着你将担负起更大的责任。
- 如果你能将创意和商业有效地结合，你会成为行业里的"常青树"。
- 当你过度关注外部奖励，内部动机就会缺失。
- 你需要拥有更广阔的视野，如果一味追求创意而忽略产品诉求，就是舍本逐末。
- 尽管获奖不是工作的重点，但是创造力仍是工作能力的评估标准之一。

THE WORK

Work rarely sells itself

关于创作

作品不会毛遂自荐

4.9
作品不会毛遂自荐

拥有创造力的人并非天生的推销员。事实上，根据我的经验，有创造力的人通常更情绪化、更敏感，他们喜欢独自工作，他们更擅长设计，而不是推销作品的优点。而提到销售工作，人们最容易联想到的形容词莫过于健谈、自信、有魅力、善于察言观色等。你需要拉近与客户之间的距离，提高客户对你的好感，让客户相信你的产品创造的价值。

我们进入各自的创意领域是因为我们的热爱所在，当我们晋升为公司的主管、创意总监或者我们开始经营自己的公司时，我们将背负起巨大的责任。你需要向客户推销你的作品。你的团队成员、公司的其他员工都依赖你，你要让客户喜欢上你的创作。

当你在给客户做产品展示时，你需要了解你的任务、你的观众和你要展示的作品。客户的需求是什么？客户的关注点在哪里？你不能只是简单地提出你的想法，然后等待人们自己能领悟其中的玄机。你需要解释你的创意亮点在哪里，设计理念是什么。你需要点燃你的激情，去抓住观众的想象力。即使这是你的团队而不是你自己的作品，你也需要用你的激情去感染身边的人。

你可以设计出世界一流的作品，但是你如何推销它的方式将决定它是否被人们接纳。

比尔·韦斯特布鲁克

当你从一名创意工作者晋升为一名创意总监，你将面临新的压力和挑战。你需要清楚客户的需求，准确理解产品的定位和营销策略，你要用作品去充分诠释你的理解和创意。你再也不能抱怨客户的眼光差，或者他们缺乏鉴赏能力。作为一名创意总监，你要对你的或团队的设计方案负全部或重要责任。

创造出优秀的作品只是战斗的开始，接下来的工作才是重头戏。你需要向客户推销你的创意，并且与客户保持亲密的合作关系。在新产品的研发过程中，你需要持续向客户提供服务和支持。

这是一个艰难的过程，你可能会面临合作方层层的审批，你会参加一轮又一轮的会议，也许你不知道决策者的真实意图，或者你的设计方案在进入高层会议后，现在音讯全无……以下可能是你会面对的问题：

（1）你需要给客户展示多种方案。通常情况下，客户会选择更安全或他们更期待的作品。

（2）有可能你会被迫在电话里向客户推广方案。这会极大地影响你的说服力，如果客户不回应，情况会更糟糕。

（3）你没有机会向真正的决策者做展示。你的客户或代理商并没有决策的权利，当他们将你的创作向其上级领导传递时，他们有可能会表述不清或抓不住重点，这会让人非常头疼。

赞茜·威尔斯

我认为广告公司经常会犯这样的错误，他们为了销售他们的创意，他们会夸张卖力地表演。据我所知很多客户其实不想要看到过多的表演技巧。他们想要听到优秀的创意，他们更希望你能用谦逊的方式提出来，他们希望你能倾听他们的想法并给予积极的反馈。

很多创意总监在做产品展示时，他们没有设定信息反馈环节，他们只顾自己一个劲地说，而没有留意对方的意见。

戴维斯·古根海姆

一开始我并不会销售，但因为工作需要，我别无选择。我要去推销我的创意和电影。策划构思是一回事，但是说服投资者或电影公司来赞助你又是另一回事。

当我刚开始为我的电影筹资时，我会理性地论述我的创作构思，但这不是任何投资方想要的。他们想要感受到你的兴奋，你需要用你的激情点燃他们的梦想，让他们无法抗拒。我总是试图使用那种"魔力"，让他们感觉自己坐在电影院或电视机前，让他们暂时忘记现在的工作。

发言总结

- 作为领导者，你需要对设计的作品把关，并且让客户喜欢上你的创作。
- 推销优秀的创作往往比创作本身更难。
- 尽可能地找到和决策者面对面的交流机会。
- 尽量谦虚地呈现你的作品，并且尽量避免过多的表演技巧。
- 留下有意义的反馈或讨论的时间。
- 销售是我们需要适应的另一种创新形式。
- 用你的热情去感染客户，让他们知道你深爱着你的作品。

THE WORK

Keep making things
if making things
makes you happy

关于创作

如果创作能让你快乐，那就继续创作吧

4.10
如果创作能让你快乐，那就继续创作吧

　　当你成为一名管理者，并不意味着你必须停止你的创作。世上所有的坚持都是因为热爱，如果创作让你快乐，那就不要停下来！如果你喜欢画画，不要停下你手中的画笔！如果你喜欢做导演，那就举起你的摄影机！如果你喜欢诗歌，就让诗句在笔尖飞扬吧！如果你热爱陶器制作，就让陶器在你的热情之火里燃烧！如果你想写一本比这本更好的关于创意工作领导者的书，那就开启你的写作之路吧！幸福很简单，就是可以做自己热爱的事情。当你找到适合自己的道路，寻找到你愿意终生喜爱并坚持的事业，你的视野会更开阔，你的生活会更有趣，你的内心会更加充盈和坚实。

　　当你保持着创造的激情，对于你身边的同事来说，也是一件好事。当你能在创造中获得满足感，你就不会去和身边的同事较劲，你不会去修改他们的作品来获得成就感。当你沉浸在你自己的项目中，他们也会去开拓他们的项目，每个人都会找到自己的价值所在。把有限的时间，用在自己热爱的事情上！

艾娃·杜维奈

当你晋升为一名管理者时，因为你的创作欲望得不到满足和释放，你会有强烈的"饥饿感"。因为创作已成为你的精神食粮，也许你会去扼杀别人的创造力。我见过这样的领导者，当有一个新项目出现，他们会迫不及待地发表自己的观点，他们不给身边的人机会，他们扼杀了团队成员的创作热情和动力。

我们需要把机会留给身边的队友，同时我们也有必要为自己找一些项目来做。有一些多产的电视和电影制作人，他们不仅为别人制作各种项目，自己也在孜孜不倦地创作着自己的作品。

我的朋友J.J.艾布拉姆斯（J.J. Abrams），他不仅担任导演、制作人、编剧等多种角色，甚至还为自己的作品谱曲。他执导的电视剧《双面女间谍》（Alias）和科幻悬疑剧《迷失》（Lost），让他荣获了艾美奖最佳编剧奖和最佳导演奖。他是一名创作奇才，他似乎有无穷无尽的创意来挥霍。

对我来说，如果我停止创作，把工作都留给员工来做，我会过得更舒服、更放松，也会赚更多的钱。但我知道这不是我想要的。对我来说，当我满足了自己的创作需求，我才能更好地担当起领导者这个角色，我才能够给团队成员提供好的建议，和他们保持恰当的距离，给观众带来优秀的作品！

杰夫·贾尔斯

简单来说，主编的工作就像是球队的队长，我负责球队的日常训练和组织协调工作。因为我曾经也是一名队员，我在队友们眼中会更有同理心和可信度。现在我是球队的灵魂支柱，我需要维系球队的团结，给队员们动力！虽然这很难，我会努力地担当好队长这个角色，队友的支持和信任是我前进的动力。

我认识一些编辑，他们自己不会写作，但他们却是很棒的编辑。我不明白他们是怎么做到的，但他们确实存在。自己写作和修改别人的稿子是两种完全不同的概念。写作虽然痛苦而艰难，但对我来说，完全停止写作会更加困难。

乔·罗素

我们是一部电影的制片人、负责人，但我们首先是一名艺术家和一名创造者。

泰德·普莱斯

也许你深爱着游戏设计，当你发现有

任何问题,你会马上想要去修改、调整。对于创意人员来说,工作积极主动是你的竞争优势。你期盼着能晋升到更高的职位,拿到更多的薪水,当你成为一名管理者时,你会面临新的挑战。

你需要授予员工权力,相信他们能把工作做好;你需要给予他们时间、空间去成长;你要信任他们能够做出正确的选择,找到解决问题的办法。你需要定期指导并帮助团队成员,带领他们一起成长,让员工能以主人翁的心态积极地投入每天的工作中,这样你也有了更多的时间来专注于其他更重要的事情。

发言总结

- 因为创作已成为你的精神食粮,当你饥饿难耐时,走开一步,找一些个人项目来做。
- 你不能剥夺团队成员的工作机会,扼杀别人的创造力。
- 当你保持着创造的激情,你能更好地担当起管理者这个角色。
- 坚持创作,会让你在团队成员的眼中更有同理心和可信度。
- 你是一名管理者,但首先你是一名艺术家。
- 从创作者到管理者的转变,你会经历一段艰难的心路历程,并不是每个人都适合走这条路。
- 你需要确定这是你想要的,而不仅仅是更高的职位和薪水让你心动。

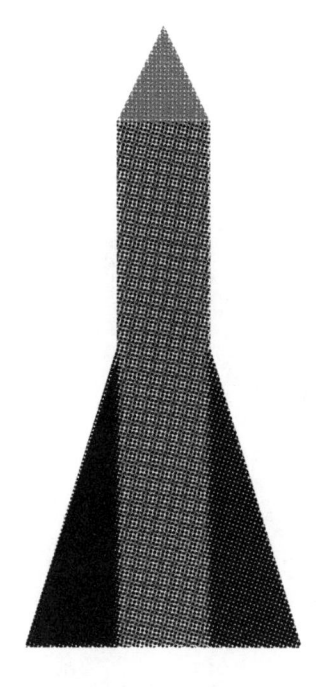

THE CAREER

职业生涯

5

第五部分
职业生涯

　　创意产业一直被誉为是充满奇迹的行业，在这里充满了神秘色彩，流传着无数传奇佳话。我们希望有朝一日也能创造奇迹。在行业的盛会上我们与老朋友们回想起当年的辉煌，开怀畅饮。新生代主力军们频频向我们举起酒杯，他们感激我们给他们的人生带来了巨大的影响，多么美好的画面！

　　回到现实中来吧，这是一个残酷却充满着生机的变革时代。环境的变化、技术的革新、新媒体时代的到来，这一切正在深刻地改变着人们的生活和行为方式，我们需要不断适应这个不断变化的环境。

　　创意产业的竞争尤为激烈，快节奏和高强度的竞争常常迫使人们提早退休。当经济衰退、财政预算削减或面临经济不确定性时，我们的职位越高、收入越高，我们的处境越危险。我们的职业生涯很可能因为种种现实因素被迫终结。

　　我在广告行业已经工作了二十余年，最近我离开了自己熟悉的工作岗位，成为脸书虚拟现实研究实验室的创意主管，这是脸书在增强现实（AR）、虚拟现实（VR）方面的技术研发部门，致力于AR/VR领域的前沿技术与研究。

　　在我二十余载的职业生涯中，我看到了行业的创新、发展和衰退，因为技术的变革，一个企业，甚至一个行业可能被摧毁，而新的领域、新的模式也破土而出。在行业的动荡变幻中，我的那些才华横溢的朋友们，有的处在长时间的失业焦虑中；有的举家搬迁到了其他城市；有的改变了职业方向，逆风翻盘。我目睹了因为年龄歧视而引发的各种问题，有的领导者被迫下台或降级到初级岗位；有的领导者被迫离开公司做出了艰难调整。电通广告公司（Dentsu）的前首席财务官、我的前创意主管里克·科尔比（Rick Colby）曾告诉我："我喜欢在创意部门工作，这里充满了乐趣和活力。当你退休时，你会怀念这里的一切。"

在这个日新月异的时代，我们如何能够站立在行业的浪尖，而不是被搁浅在沙滩上，这是每位企业家、创意总监不得不认真思考、面对的问题。在我们职业生涯中，我们如何让自己不被时代的浪潮淹没？我们如何寻找到新的发展机遇？我们如何在日常的疯狂工作中保持清醒？

THE CAREER

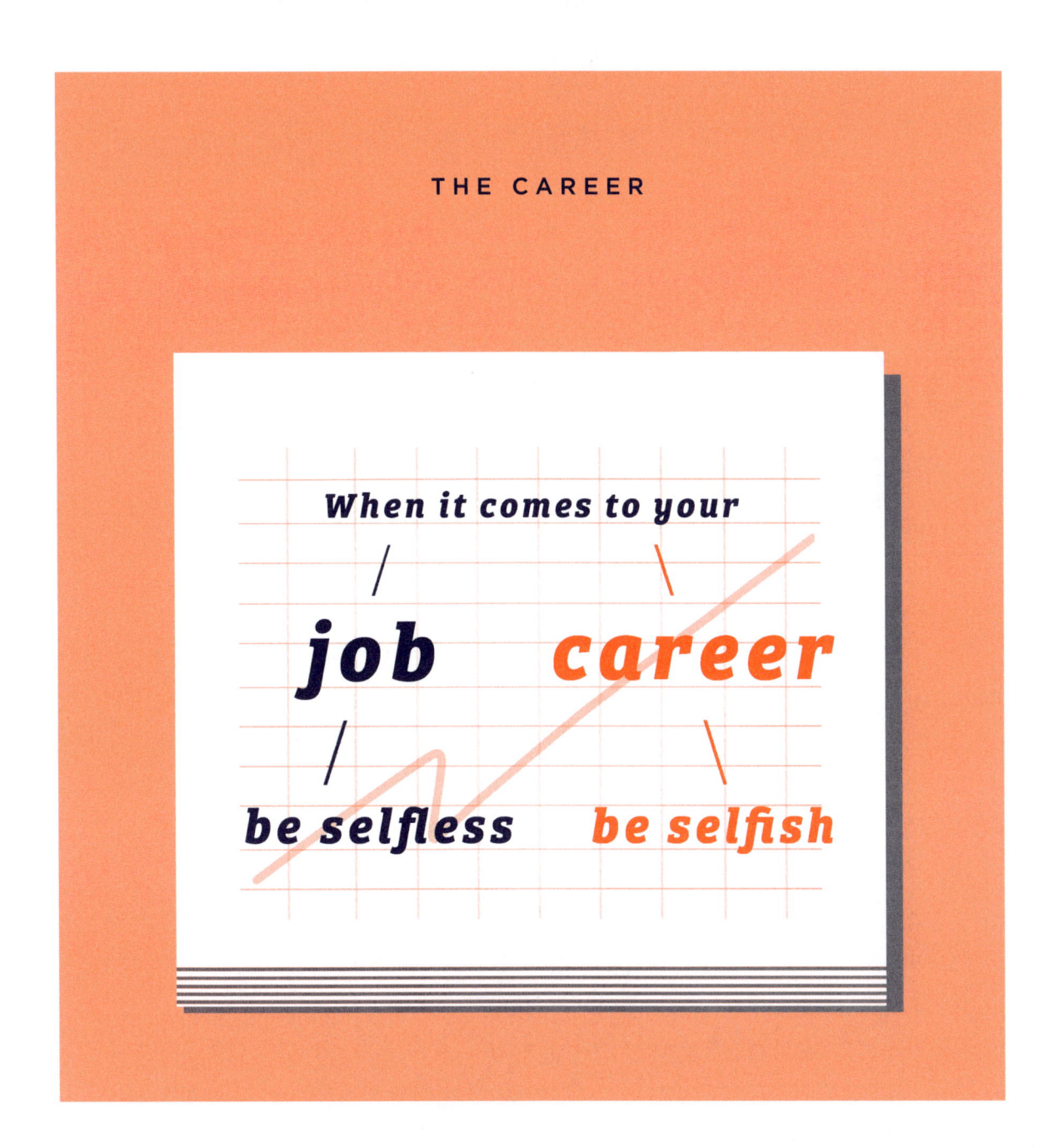

When it comes to your

job   *career*

be selfless   *be selfish*

职业生涯

工作多一些奉献，职业发展多一些权衡

5.1
工作多一些奉献，
职业发展多一些权衡

当你晋升为公司的管理者，你需要专注于你的工作，忠诚、无私地去帮助你的团队成员。你需要支持他们的工作，培养他们的创造力，给予他们成长的空间，保护他们不受官僚主义的影响，激励他们发挥所长。

但是，如果有一份更好的工作机会摆在你面前，也许你会获得更高的薪酬、更多的时间自由、更广阔的探索空间，或者离家更近，你能更好地平衡生活和工作，你会权衡利弊，你会做出慎重选择。

有一点你需要注意：奉献和权衡并不是对立的。我们可以在工作中去成为奉献型的领导者，但当出现新的工作机遇时，我们要为了自己做出权衡和选择。当你在寻找新工作或参加面试的时候，你应该一如既往地全身心投入你现在的工作岗位，直到你离开的最后一刻，这是你的职业素养所在。也许兜兜转转一圈，你会回到以前的公司，而你的老同事都满心欢喜地期盼着你的回归。

山姆·奥利弗

公司花钱让你做事，你付出时间、精力，尽你所能地给予他想要的。这本质上是一种交易关系，员工和聘用者之间是平等的关系。当你遇到了新的工作机会，你应该抓住机遇，把握成功，你不必为此感到内疚。

与此同时，你应该善待你身边的人，你不能因为你的离开给他们制造麻烦。当我离开一家公司，我会选择在合适的时间离开，我不会在项目的重要关头，当他们急需我时转身离去。世界很小，不负责任的选择，会对你的前途不利。

斯科特·特拉特纳
（Scott Trattner）

脸书前副总裁、执行创意总监；
广告代理商Media Arts Lab执行创意总监

我为苹果公司工作了10年后，我又来到了脸书公司度过了5年时光。我属于服务型领导。在我心中：团队利益高于个人利益。当我在脸书的时候，我和团队成员一起创作、一起战斗，我每天都全身心地投入工作中。

现在我离开脸书公司了，因为我想停一停脚步，我希望能重拾美好，唤起心中对艺术的热爱和追求。

我的童年伴随着嬉皮士运动[①]，那个追求自由与个性解放的年代早已远去，我试图回到那个爱之夏日，去遇见那些宣扬着爱与和平，在音乐中迷醉的嬉皮士们。我的专业是美术，在我做广告和市场营销之前，我是一名艺术家。

坦率地说，当我进入广告行业以后，我把所有的时间、精力都投入工作，我没有时间来专注于我的热爱：摄影和艺术。离开让我有机会能对艺术重新思考，短暂的修整是为了更好地前行。

马修·沃德

作为一名艺术家，当你全心全意地投入创作中，你会找到满足感。创造力就像是一种带有一定毒性的兴奋剂，它会给你带来敏锐的感受、丰富的情感和生动的想象力，你需要确保注射了适当的剂量。

---

① 第二次世界大战后，美国经济持续繁荣，富足生活中的西方青年形成了一种亚文化状态，掀起了一场反叛西方主流文化的运动，俗称嬉皮士运动。——编者注

发言总结

- 你的团队依靠你。
- 作为一名领导者,你需要为你的团队付出百分之百的努力。
- 当你遇到了新的工作机会,你应该抓住机遇,把握成功。你不必为此感到内疚。
- 尽量不要在团队成员急需你的时候离开。
- 世界很小,不负责任地离去,会对你的前途不利。

THE CAREER

Keep working on You V.2

职业生涯

成为一名终身学习者

5.2
成为一名终身学习者

对于一名职业运动员来说,他们需要每日进行高强度的训练才能保持他们的巅峰状态。作为一名创意工作者,你需要紧跟行业发展,不断地提升自我,迎接人生中的一次次挑战。

木桶能盛多少水,并不取决于最长的那块木板,而是取决于最短的那块木板。也许你在演讲方面还不够出色,也许你的沟通管理技巧还有待提高,也许你不擅长相关的电脑软件……你需要补足你的短板,突破发展的瓶颈。不要因为你的升职而变得沾沾自喜,如果需要的话,你可以参加系统培训课程或者加入研讨小组,向优秀的人学习。你需要找到自己的问题所在,不要等到你的主管或者招聘官含沙射影地向你指出。

除了掌握领导岗位必需的技能,你还需要适应不断的变化。随着媒体平台的不断变革和新技术的不断涌现,你需要不断更新自己的专业知识,让自己在工作中保证竞争力。

树立终身学习的心态,走出你的舒适区,保持"饥饿感"。加油吧!努力向前!

· ·

艾娃·杜维奈

作为管理者,你必须知道如何去做好你的工作。如果你把自己定位为一名监工的角色,你会脱离创造,脱离艺术,脱离想象力。我曾见过有的创意工作者,当他们晋升为管理者后，他们变得不思进取，他们还停留在过去的思维中。这是一个瞬息万变的时代，你需要不断地学习才能跟上时代的变化。当你长期在一线工作，你可以不断地更新你的技能，保持你的创作能力。如果你总是拿过去的经验来解决当下的问题，你很难为公司创造价值。当你还用一种趾高气扬的态度来对待身边的员工，我认为你的处境会非常危险。

有的管理者会说，"我自己不会去创作，我会把权力留给员工，我会去保护他们的创作能力。"可是生活不会一成不变，我们不能以过去的经验自居，躺在过去的成就感里。

山姆·卑尔根

领导者需要具备广泛的能力：组织决策能力、创新应变能力、交际协调能力等等。天生的领导者能很快适应环境，迅速掌握这些能力。但是我们中的绝大多数人并不是天生的领导者，我们需要通过持续的学习来弥补自身的不足。

如果你想成为一名优秀的管理者，在公司里占据举足轻重的位置和分量，你必须从你改变你的弱势入手。通过分析和了解自我的性格和弱势，可以帮助你对抗逆境。

我其实是很内向、安静的一个人，但因为工作需要，我必须克服沉默、矜持的性格，变得更活泼、更外向。在我年轻的时候，我的朋友经常开玩笑说我性格古板、有点像机器人。可是没有人想要一个机器人来做他们的老板！我必须改变我自己。人最大的敌人总是自己，战胜了自己的不足，你就迎来了胜利！

斯科特·特拉特纳

在工作中，有的新技能我们必须要去掌握，也许这不是我们的优势和兴趣所在，当我们为了学习而学习，往往会事倍功半。如果我们能从兴趣入手去学习，会更有效率。我会尽量减少我必须做的事情，而是专注于我感兴趣的事情。好奇心，是推动艺术、事业发展的原动力。

作为公司的管理者，如果我必须学会什么，我还是会去学。

我之前在脸书公司工作，其中很重要的一项内容就是学习如何用度量指标来衡量创造力，我们会做各种表格分析、帮助我们理解和运用。作为一位美术生来说，这是我从未涉及的领域，我燃起了强烈的好奇心。学习的过程很困难，但是我不想输给团队的成员。在一段时间后，我掌握了其中的秘诀。我可以和任何人就这些问题进行深度交流，提出建设性的意见，我会有一种成就感。

当我带女儿一起参观考察她的学校时，我们经常听到"终身学习者"这个词。学习，确实需要伴随着我们的整个生命。你需要找到自己的燃点，让自己燃烧起来！

发言总结

- 作为管理者，你需要用发展的眼光看待你的工作。
- 如果你总是拿过去的经验来解决当下的问题，你很难为公司创造价值。
- 领导力是一项需要不断加强学习的技能。
- 你需要通过学习，不断提升你的领导能力，补足短板，突破发展的瓶颈。
- 好奇心是推动艺术、事业发展的原动力。
- 成为一名终身学习者。

THE CAREER

Avoid burning a bridge you don't intend to walk across

职业生涯

不要轻易地自断后路

5.3
不要轻易地自断后路

对于优秀的人来说，可能不乏新的公司向你抛来橄榄枝。也许他们会对你说："嘿，别担心，我们只是想和你聊一聊。"然后你会不假思索地加入这样的谈话。他们抒发着对你由衷的欣赏和敬佩，他们描绘着一幅美好的蓝图，期待能让你心动。但是在会谈后你却拒绝了他们的好意。

你需要小心谨慎地处理这样的事情。当你接受和他们交谈，这代表着你对现在工作并不是特别满意，你愿意接受新的工作机会。当你在经历了几轮谈话之后你却说"不"，你是在暗示他们，虽然你对跳槽感兴趣，但对他们的公司不感兴趣。记住，和你谈话的是敏感而富有创造力的人，他们的自尊心很脆弱，他们不喜欢听到"不"这个词。即使你以最友好的方式说出来，在他们听来仍然像是冷嘲热讽。也许在未来你会重新考虑起这个工作机会，但那时他们会对你说"不"。

通过这次会谈，你可能会清楚你在行业中的价值，也许你会以此作为筹码，去要求老板升职加薪。你需要权衡利弊，三思而后行。

我的建议是：如果你目前没有换工作的打算，你需要尽快告诉他们：你很尊重他们，也感谢他们向你提供了这次机会，但你对现在的工作很满意。如果在未来你想要换工作，他们会成为你的首选。这样，即使你拒绝了他们，他们也会尊重你的选择。也许这还能为你们未来的合作埋下伏笔。在没有十足的把握之前，不要轻易地自断后路！

山姆·奥利弗

如果有人给我电话向我提供一个新的职位,如果我对这份工作并不感兴趣,我会诚恳地告诉他:"我对我现在的工作很满意,这份工作听起来不太适合我,但我很高兴能和你聊一聊。"这样,他知道了我的立场,也许他还是会坚持和我聊一聊。我们愉快地聊天,在会谈结束后,我会明确地告诉他:"谢谢你,但是我还是坚持我之前的想法。"

你需要诚实地表达你每个时刻的感受,也许听了他的讲述,你有些心动,你可以告诉他,你们还可以深度地交流。但是如果你完全没有兴趣,却还在给对方机会,你是在愚弄对方,这也是对自己的不尊重。

布莱恩·米勒

我经历过多次这样的会议。当我飞到另一个城市,住进酒店里,我等待着对方的工作人员抽出宝贵的时间来见我。可是在飞机降落的那一刻,我又改变了主意。我会为自己这样的行为感到难过。

我之前的领导,一位优秀的创意总监曾对我说:"别去参加这样的会谈,除非你真的想离开。"

安格斯·沃尔

我认为离开是一门艺术。你需要让你的团队成员和老板尽早知道你的选择,让他们能早一点适应你的离开。你需要非常诚实告诉他们,同时你又不能伤害他们的感情。

发言总结

- 你可以去参加这样的会谈,但你要诚实地告诉他们你的感受。
- 不要拖延时间,尽早告诉他们你的决定。
- 当你去参加会议时,考虑你所付出的时间成本。
- 退出时尽量避免伤害团队成员的感情,尽早说出你的计划。
- 尊重对方,考虑你的离开可能给他们带来的问题,妥善处理这些问题。

A higher salary only makes you happy on payday

职业生涯

高薪带来的快乐可能是短暂的

5.4
高薪带来的快乐可能是短暂的

　　一份高薪的工作可能会让你为之心动，当你第一次拿到这么高的薪水，你可能会不由得雀跃起来。但是这样的快乐是短暂的，高薪并不能让你爱上工作。

　　对于创意产业的工作者来说，我们习惯于把自己的作品和自我价值联系到一起。对于我们来说：幸福在于我们做着自己喜欢的工作，幸福在于我们和谁一起工作，幸福在于我们为谁工作。在和谐友好的工作氛围中，我们会享受工作带来的成就感和幸福感，工作并快乐着。

　　当我们换了一份高薪的工作，但是因为种种原因，我们的创作水平无法正常发挥出来。那么即使是很高的薪水，也不能缓解日常工作带给我们的不满和挫败感。

　　当你在寻找新工作时，除了考虑经济因素，你还需要考虑工作内容、团队成员、客户来源、企业文化等。你需要去做一些研究和分析。如果你认识在那里工作的人，或者曾经在那里工作过的人，你可以去打听一下，对比公司现在和过去的作品。当然，如果这家公司带来的都是一些平庸之作，可能是因为公司里缺乏创造性人才，或者公司的领导者缺乏远见。

　　你需要去了解你应聘的岗位是新增设的吗？还是为了取代某个人的位置？如果你要替换某人，你最好先了解原因。那个人为什么会离职？公司的现状怎么样？如果公司目前的状况并不太好，他们可能期待你的到来能起到扭转乾坤的作用。扶正一艘船需要大量的时间和精力，做一个变革者可不是这么简单的事情，你要避免在入职前做一些不切实际的承诺。也许经过几次简短的会议，你决定要接受这份新工作。但是也许在你正式入职后，你才真正了解到这家公司的全貌。到那时可能已为时过晚。

你需要做好长远的考虑和打算，不要因为眼前的诱惑蒙蔽了双眼。如果你喜欢着你目前的工作，你只是对薪水不太满意，你可以试着去想想办法，为升职加薪而努力。也许你可以用另一份高薪的工作来作为你谈判的筹码，或者你可以为你的未来制订一份工作计划，当你完成了既定的目标，你会实现加薪的愿望。

高薪是我们追求的目标之一，而快乐则是人生的重要意义。相比于高薪，找到一份真正让你快乐的工作会更难。

苏珊·克雷德尔

我有一个原则：当我进入一个新的工作环境，或者开始一个新的项目，如果连续14天我都因为这份新工作或者新项目不开心，我会选择放弃。当然，工作总是起起落落，但如果在连续14天的时间里，你都为此感到焦虑和压抑，说明你不适应这样的环境。

有很多新人打电话给我说："我听说过你，我非常认同你的理念，我想和你一起工作！"每个人都像一块磁石，身边有着或强或弱的磁场，我们就是靠这些磁场来吸引身边的人。有的员工会被另一类人吸引，他们的每一任领导者都表现得冷酷、不惜一切代价想要胜利。当这些员工来到友好、合作型的企业文化中，他们反而会不习惯这样的企业文化。

你需要清楚自己更喜欢和适应哪种工作磁场，在哪一种工作氛围里会让你更开心、更高效地工作。

戴维斯·古根海姆

我当了十多年的电视导演。我作为特邀导演拍摄了《纽约重案组》(*NYPD Blue*)、《双面女间谍》、《急诊室的故事》(*Emergency Room*)、《24小时》(*24 Hours*)等电视剧。这是一份压力很大、要求很高的工作，相应地我可以拿到可观的报酬。

但是对我来说这就像是一份产科医生的工作。这不是我的想法,我只是在帮助它们来到这个世界上。

虽然作为一名电视导演给我带来了诱人的荣誉和报酬,但是渐渐地我感觉迷失了方向,我找不到我的意义和价值所在。我做出了一个可怕的决定:我决定离开这个圈子,我准备制作纪录片。这个决定对我的人生产生了重大的影响。我的薪酬直线下降,并且还伴随着极大的不确定因素。一旦一部纪录片拍完,我不确定是否会再拍一部,何时会再拍一部。一旦停止拍摄,我就处于失业的状态。

拍摄一部纪录片,预算比拍摄电影要低得多。我降低了自己的生活质量,在大部分的午餐时间里,我都坐在租来的小货车的后座上啃着三明治。

但是这是我喜欢和向往的生活。在拍摄纪录片的过程中,我找到了创作的方向和动力,我找到了工作的意义所在。

乔纳森·卡文迪什

对于我来说如果金钱是排在首位的,那么我不会从事现在的工作,我会继续去做广告。在那个工作中,我会赚得金钵满盆。

塔拉斯·韦恩

当我招聘一位新人或者当我到一家新的公司工作时,我会向对方解释我的工作愿景,以及我如何去实现我的愿景。然后我会询问对方的愿景是什么。如果我们的目标一致,那么个人愿景可以和企业愿景有效地结合起来。我们可以制订计划,一起实现共同的目标。但是如果我们的意见不一致,我会知道我们不属于同一类人,我们从一开始就不会在一起。

发言总结

- 你需要确保你的工作能给你带来满足感和愉悦感。
- 确定吸引你的企业文化类型。
- 确保你的工作让你感到满足。
- 有时候,快乐意味着你需要去冒险,离开你的舒适区。
- 确保你的愿景与公司的愿景保持一致。

职业生涯

在度假时，切断"电源"

5.5
在度假时，切断"电源"

很多人对工作成瘾。我们沉醉于工作，而忽略了对家人的陪伴，我们为此感到内疚。

好不容易盼到了一次休假的机会，我们准备带上家人去旅行，希望能借着这次机会好好地放松一下，享受和家人在一起的惬意时光。

准备出发了，我们带上了大大小小的行李箱，可是里面却装满了来自工作的压力，度假并没有让我们感到片刻的放松。一到酒店，我们就开始搜索无线网络信号，因为我们不想错过客户或者主管发来的邮件；到了泳池边，我们会习惯性地打开笔记本电脑，因为我们想修改之前的设计方案；到了晚餐时间，我们却因为一个临时的电话会议在酒店大堂里来回踱步；当孩子在身边时，我们却一直盯着手机心神不宁……我们可能会让身边的爱人感到失望，也有可能会增加与孩子们的疏离感。

你需要让手机、电脑等设备通通"断电"！尝试在没有任何电子设备的干扰下，忘记工作、忘记压力、沉浸在当下。

当你与工作完全断开后，你不会受到坏消息（例如，你的同事告诉你：这次竞标项目失败了）的干扰。坏消息犹如乌云笼罩，你会陷入抑郁和烦闷中，你再也找不到任何度假的兴致。

当你与工作完全断开后，对你的团队成员来说也将会是一件好事。他们会成为临时的决策者。这是一次难得的锻炼机会，他们会更有信心接受挑战。慢慢地，他们会减少对你的依赖，而你也可以轻松地享受你的假期。

当你与工作完全断开后，你会将生活与工作划清界限。如果你才华出众，又乐于接受挑战，你的老板会给你增加额外的工作。当你很难拒绝时，他就会不停地加。你需要在工作与生活中找到一个平衡，你需要给他们明确的信号，让他们尊重你的私人时间。当你是公司的领导，你也需要尊重你的团队成员，他们没有义务随叫随到。

快去穿上你的泳衣。拜托，把手机留在房间里吧！你的工作需要重新充满电后再启动。当你度假归来，你会活力满满地投入工作中！即使只是短暂的休憩调整，它也可以让你重回巅峰状态！一个成功人士之所以能够做到事半功倍，是因为他们会合理地安排生活与工作，充分有效地利用时间。当你会更高效地工作，你才有可支配的时间！

斯科特·特拉特纳

在工作中，我们会遇到方方面面的压力，我们如何来平衡和调节？对于创意工作者来说，怎么在朝九晚五的工作中去找到创意的灵感？

你可以试着与工作分离，让自己彻底放松，这会帮助你找回创作的动力，也有助于让你的事业长青。

在职场生活和个人生活之间保持平衡就像是在走钢丝，我们很难保持平衡。一方面，我们明白休息和放松是为了更好地工作，我们期望能在工作之外找到解压的出口。但是另一方面，因为行业竞争加剧，我们会全力以赴地投入工作中，甚至一周7天，一天24小时连轴转。

你需要学会自私一点，关心自己，善待自己。这关系到你的创造力、你的身体还有家庭关系。你需要巧妙地找到工作和生活之间的平衡，这也会让你在工作中保持活力和创造力。

有时你两三倍地增加了工作量，如果你感觉还不错，可以继续保持。但如果你感觉不太好，找不到创作的灵感、前进的动力时，你应该停一停脚步。就像乔布斯曾说的："如果今天是我生命中的最后一天，我还会按既定的安排去工作吗？"

埃米莉·麦克道尔

我收到一封来自一位读者的信,她说:"谢谢你让我成长!帮助我修复了我和我爸爸之间的关系!"可是看着这样的信件,我却没有满足感。我大概是太累了,为了工作我心力交瘁,我已经感受不到任何的成就感和价值感。当我感到筋疲力尽的时候,我会给自己设定休息的时间,我知道我应该停一停了。

大卫·奥耶洛沃

作为一名演员和导演,我的工作就是在我的作品里用尽可能真实的表演去折射出人性的闪光和晦暗。只有当你以一种非常真实的方式进行创作,你才会引起观众的共鸣。这和炫技式拍摄没有关系,那只会让你变得肤浅。当你的事业开始有了起色,你周围开始出现了恭维的声音,他们会侵蚀你的意志力,影响你对真相的判断。

你需要从这些虚伪的恭维里抽离出来,在生活中去观察、去思考。平日的积累会触发你的创作灵感,一部作品的表现水平和产出的质量与你的抽离有很大关系。

我们会发现:在一些优秀导演或演员的成名作中,他们投入真实、有力的表演,或给我们带来了关于人性非常深刻的思考。但是他们之后的作品会很难有所突破。他们需要脱离之前的光环,才能找回自己的魔力。

你可以抽出时间来享受生活,回归到家庭生活中,多参加朋友聚会,或者投入你的爱好里,你需要保持有烟火气的生活方式,从生活的细节中去感悟。

我们所处的行业竞争激烈,对于演员和导演来说,休假对我们来说会变得奢侈。但是与工作断开真的很重要,因为它将你与生活再次连接,会让你元气满满地再次创作。

发言总结

- 与工作暂时"断开连接",可以有效地保持你的创造力,让你的事业长青。
- 为自己设定限制,在工作中设定负荷限制。
- 试着在工作和生活中寻找平衡。
- 为自己寻找出路,在工作之余,为自己找一个精神的出口。
- 你需要学会自私,关心自己,善待自己。
- 当你会更高效地工作,你才有可支配的时间。

THE CAREER

We all need a "fuck it" bucket

职业生涯

我们都需要发泄情绪的"垃圾桶"

5.6
我们都需要发泄情绪的"垃圾桶"

大多数有创造力的人都会经历某种程度的自我怀疑和焦虑。我们在某个阶段或某个时刻会否认自己的价值，我们会感到自己再也不能创作出优秀的作品。当事情出错时，我们总是过于严厉地责备自己。当我们升职为公司的一名管理者，我们会感到更大的压力，恐惧、不安和自我怀疑会对我们的身体和精神造成严重的损害，我们折磨着自己，也拿着我们的完美标准去折磨团队成员。

因为我们一贯的优秀，人们总是对我们报以较高的期望和要求。他们期待我们比同行能更快、更好地设计出新颖独特的方案，写出与众不同的剧本，带来别出心裁的专栏故事或者独树一帜的作品。巨大的工作压力使我们濒临崩溃的边缘，我们甚至想要换一份工作。

其实没有一份工作是没有压力的，即使是你非常喜欢的工作也不例外。你需要在工作中加入一点乐天精神！生命短暂，不要浪费在自我损耗中，让那些不断困扰我们的担忧通通消失吧！你需要找到一种应对压力、焦虑、自我怀疑和失败的方法。有个网站把它称为："倒霉的孩子，别担心，开心点！"当然，对于一个复杂的问题，可能它并不能给我们带来实质性的解决方案，但它教会我们一个道理：当我们面临自我怀疑或遭遇个人失败时，我们需要为压力和焦虑找到一个出口，我们需要用更健康的方式来看待生活中的压力。在你的生命中什么是你最重要的东西？它可以帮助我们度过艰难的时刻，带我们走出困境。你不再处在无尽的黑暗之中，你知道自己如何才能更好地前行。

当我们的设计方案没有得到客户的认可时，你要告诉自己：无所谓，任何人都不是完美的，下一次你会成功！当你团队中有一位才华横溢的人辞职时，你要告诉自己：没关系，你会发掘更优秀的人才！当你遭遇愤怒的客户，你需要告诉自己，你已经尽力了，希望他能好运！当你的老板威胁你："达不成任务，等着被开除吧！"你需要告诉自己，你已经尽力了，如果达不到他的目标，你会找到更满意的工作！

还有一些更实际的方法，能带你远离烦恼和压力。比如瑜伽、冥想、运动，你也可以和朋友聊聊天，或者参加一些社交活动，它们可以有效地帮助你减少自我怀疑和焦虑。我们都值得拥有更快乐、更健康的人生，和我们喜欢的人一起做我们喜欢的工作。如果你需要换一份工作，或定期与心理医生交谈，那么借用耐克公司的广告语："Just do it！"

迈克·艾德森

那年我刚30岁，我和我的搭档经营着自己的制作公司。在5年的时间里，我们没有制片人，所有的事情都是我们自己做，因为我认为没有人能做得比我们更好。我不断地在给自己增加工作量，我对每件事都力求完美，在我的字典里没有"失败"这两个字。

突然有一天，我感觉到眩晕，感觉意识有点模糊，无法集中注意力。没有去理会这些症状，也没有告诉任何人，包括我的妻子。我继续工作着，我时常感到疲惫和眩晕，但我会咬咬牙扛过去。大约持续了一年，情况持续恶化，我感觉到每天疲惫不堪、浑身软弱无力，就像是跑完了全马后的精疲力竭。我再也不能假装自己没事，于是我去看了医生。

在那个血气方刚的年纪我认为自己坚不可摧。我把公司打理得井井有条，一切都在向着良性发展。但是我的身体每况愈下，我不得不去医院。医生建议我做全身检查，耳朵、眼睛、大脑，相关的测试我都做完了。等待结果的过程也是一种煎熬。最后一项测试——多发性硬化症测试，我的报告呈阴性。神经内科的专家对我说，"我们可以再继续做其他测试，但我感觉你是患了应激相关障碍疾病，这是一种心理疾病，主要是心理、社会、环境因素引起异常心理反应而导致的精神障碍。"尽管我身边很多人，包括我的妻子，早已经推测到了这个结论，但是我起初并不相信。我的个性里带着点骄傲，我不想承认自己被压力打垮了。可是现在我愿意接受这个事实。

第二天，我跟我的生意伙伴说我需要休息一段时间。我说我需要减轻精神压力和焦虑，他理解了。这时我才意识到自己犯了一个巨大的错误，因为我已经拖了很长的时间，要恢复起来也不那么容易。

我试着去散步，但我累得连走路的力气都没有；我练习冥想，我试着将思想放空，尽管这种感觉对我来说如此陌生；有人建议我试试反射疗法，所以我也去尝试。我需要休息放松，但是我的大脑总是很活跃，还会去想工作中的事。我必须对自己说：不，什么都不要去想。然后让自己沉浸在当下。

我的目标是学会放松和适当地降低自己的期望，这看似容易，但对我来说很难，我花了很长的时间来调整。过去，我不会去谈论心理健康问题，我认为一切都可以咬紧牙关熬过去。

然而，令人惊讶的是，当我的病情被人知晓后，有几位业内的同行都私下联系我，他们对我说："我经历过你所经历的一切，你会康复的。"

6个月后我回来了，虽然这个过程很艰难，我不得不一次次地降低自己的心理预期。我不再参与每个项目的讨论，我尽量少地参加公司的会议，因为我知道一旦我走进了那个房间，我就会让自己沉浸其中，所以我尽量避免参加。

我尽量避免回到以前的状态，避免旧病复发。因为住在伦敦我会感到无形的压力和焦虑，我和妻子便在海边的乡下买了一套房子。每个周末，我们都去那里度假。我们把电话放在屋外的木箱里，我们的房子有一个大花园。在面朝大海、春暖花开的地方，我感觉自己一天天好起来。

压力和焦虑存在于我们每个人身上，它可以压得你喘不过气，你也可以把它甩得远远的。一切的选择在于你自己。在我的公司运营十几年之后，我找到了处理压力和焦虑的最佳方法。是的，我每天都会努力让自己更健康地生活和工作。

苏珊·克雷德尔

你需要尽可能地保持正面积极的态度，专注于当下，发挥你的最大潜能。当你经历了任何失败、挫折，你可以让自己在生气、沮丧中度过一天。但是你得振作起来，你需要在第二天满血复活地投入工作中！

我们的工作需要运用我们的情绪、感性思维。优秀的广告人应该足够感性，心思足够细腻，善于发现也善于体会，最终才能善于传达。你需要有自己的观点，并坚守自己的立场，你需要在表达观点的时候尽可能地对身边的人友善。你知道什么时候出错，你知道如何去修改和调整你的方案。也许你不能让每件事都力求完美，但你可以非常非常努力地去做。

斯科特·马德

我幻想做一份简单的工作。像建筑工人那样每天挥着榔头敲打木头，一天工作结束了，他就离开了。在他第二天回来之前，他什么也做不了。有时候这样的工作也不错。

兰斯·詹森

有时候我会想，"你今天表现得很不错！"有时我又会想，"你没有权力这么做！"可是不管是哪种情况，第二天我都会回顾和总结。也许我有强迫症，但是我必须这么去做。

发言总结

- 试着平衡你的压力和焦虑，这很重要。
- 试着每天保持积极的态度。
- 当你熬过了那段自我怀疑的艰难岁月，你会更好地前行。

THE CAREER

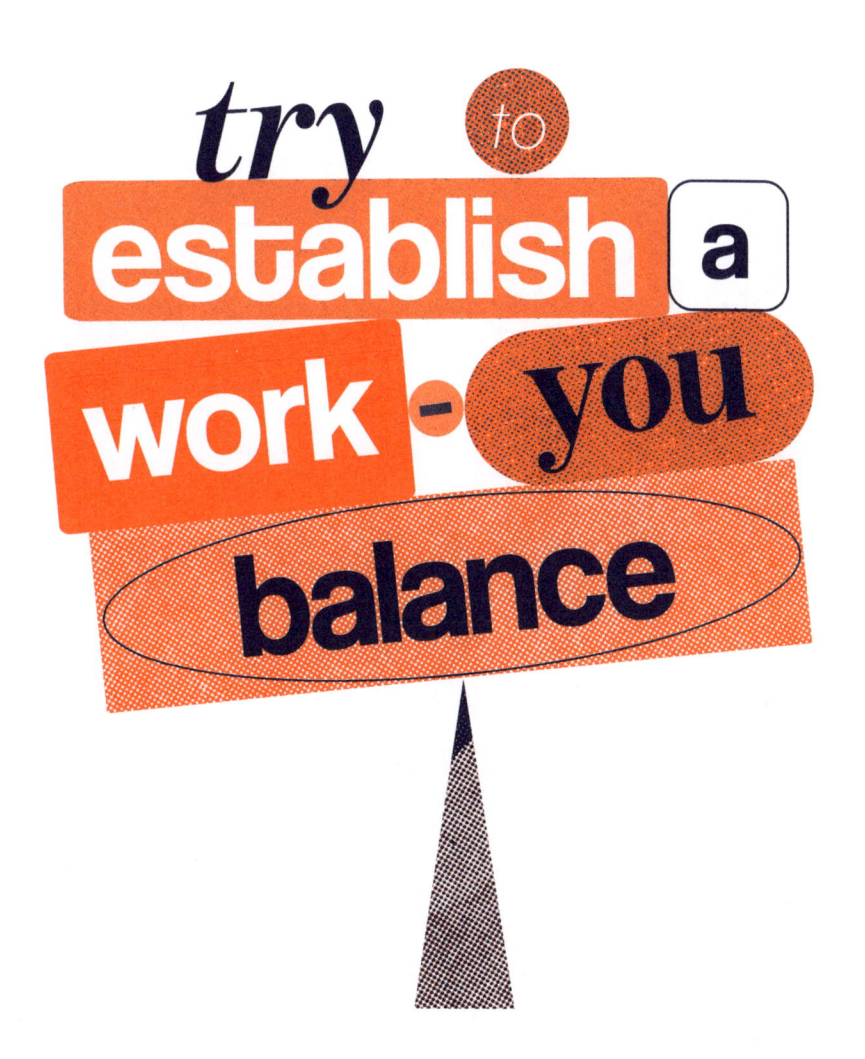

try to establish a work-you balance

职业生涯

在工作和生活中找到平衡点

5.7
在工作和生活中
找到平衡点

在欧洲这是一种共识：为了其他人和公司的利益，我们倾注大量的时间、精力在我们的工作中。我们从早到晚地工作，完善演讲稿、绘制草图、润色脚本、整理文案，构思一个又一个的创意。很多时候，我们以牺牲自己的健康和幸福为代价。我们失去了生命中最重要的东西：我们的家庭、兴趣爱好，还有对自己的关爱。

当你把自己奉献给事业，不要忘记了你自己的需求。如果可能的话，试着每天为自己做点什么。你可以发展一项兴趣爱好，或者与你爱的人共度有意义的时光。你会在工作和生活中建立平衡。这会让你找到一个最佳的状态，在工作中你会表现得更加出色。

我在家里打造了一个舒适的环境。在舒缓的音乐声中，我悠闲地翻看着漫画小说，妻子在一旁玩着《纽约时报》上的填字游戏。我们做着各自喜欢的事情，我们用这样的方式带走一天的疲惫。

以下是一些职场精英的方法，看看他们如何在工作和生活中找到平衡。

安格斯·沃尔

成为一名体育运动员有助于我成为一名更好的商业运动员。当我的身体感觉良好时，我会保持积极向上的工作态度。跑步对我来说，是一种动态的冥想。我每周跑步6天，我也保持阅读的习惯。讽刺的是，作为一名电视编导，我很少看电视节目。

斯科特·特拉特纳

弗雷德里克·邦德（Fredrik Bond）是一名电影导演，也是我的好朋友。他邀请我去他家挑战冰浴。我想，这是件新鲜事，我愿意去尝试！这真是非常棒的体验！我喜欢上了冰浴！当你沉浸在如此冰冷的水中时，你会专注于你的呼吸，你会忘记自己的压力：无休止的会议、交稿的最后期限、妻子的抱怨等。这些都不重要了，你需要的只是吸气和呼气。

斯科特·马德

在一天繁忙的工作结束后，我会去逛逛超市。即使我不需要任何东西，我也会在货架间走一走，这会让我平静下来。

瑞秋·舒克特

为了一部剧的完美呈现，每个人都会投入很多精力。打拼事业和兼顾家庭之间的平衡，也成为我不得不解决的问题。我的孩子刚学会走路，我会尽量抽时间来陪他，我会把每天起床后和睡前的时光留给我的家人。

我相信每个人都可能会经历职业倦怠。不是你对工作厌倦了，而是你工作重压下，会出现精疲力竭的感觉，让你的意志不再坚定。在长期的工作压力下，会让一个人失去欲望。我会找到一个平衡点，来保护我的创作欲望。当我工作的时候，我会全情投入；当一天的工作结束后，我没有理由再强迫自己。我试着找到这之间的平衡和我自己的节奏。

香农·华盛顿

我讨厌做饭。一进厨房，我就会火冒三丈。我会一边做一边骂，我会把我体内的负面情绪都释放出来，同时我也感觉不饿了。虽然这看起来有点傻，但是通过这样的解压方式我会重新找到我自己。

马特·德瑞尼克

我的解压方式就是散步，散步可以让我忘记手里的工作。我会一边走一边想想其他的创意项目。散步可以帮助我找到灵感。

罗恩·拉齐纳

我每天早上4点半起床，5点半来到办公室。泡上一壶茶后，我会开始一天的工作。接下来的2个小时我会自己绘制草图。员工陆陆续续来到公司后，我们会开始晨会、讨论会，还有和客户的各种会议。

苏珊·克雷德尔

当我感到压力较大的时候，我会仰望星空。我会感受到宇宙的浩瀚无边，感受到我自己又是多么的渺小。我试着让自己换一个角度来思考问题，当你的胸襟开阔了，你才可能想得更深远。

苏珊·霍夫曼

你需要爱上你的工作，从工作中获得满足。我很幸运，因为广告代理商Wieden + Kennedy，我来到阿姆斯特丹、伦敦、纽约、上海和东京，我能够在世界各地学习不同的文化，适应不同的管理风格。如果我的整个职业生涯都停留在美国俄勒冈州波特兰市，我就不会有开阔的眼界。

在我成长的年代，人们并不看好女性在事业上取得成功。我有点工作狂，对我来说，和孩子们相处的时光可以让我摆脱工作的压力。我应该在Wieden + Kennedy之外寻找到更重要的东西吗？有可能吧。但是在这里工作就像坐过山车一样有趣、刺激。

池田强

我天生性格内向，但是为了企业品牌的宣传，我会组织各种公关活动。对我来说，任何独处的时刻都是一种奢侈。当我独自坐飞机或在机场等待，我会戴上耳机享受一个人的时光。

苏雷·什奈尔

因为工作的缘故我取消了很多休假的机会，周末我也忙着加班。我努力去弥补我的家人，我们会一起去旅行。但是我会带上我的平板电脑或笔记本电脑，因为总有这么多事情需要我去处理。

玛塞拉·科德

如果有人在下班后和我探讨工作，我会很生气。我不喜欢在家办公，我会把工作和生活划清界限，我不想把工作的压力带回家里。

艾娃·杜维奈

我花了很长一段时间才意识到，我目前的工作是真正让我感到快乐和幸福的事情。在影视圈，从事导演工作的女性并不多，我在32岁的时候才拿起了相机，找到了我的使命。我很享受我的工作。我不想坐在沙滩上、打壁球或者其他的休闲娱乐活动。我喜欢与人交谈、学习、写作、阅读剧本、片场拍摄。这些都是我的快乐和特权，很多人都无法享受。对我来说这不是一种负担。

埃米莉·麦克道尔

我的解压方式是冥想和瑜伽，我会在一呼一吸之间找到身心灵的平衡状态。

古托·特尔尼

两年前，我为自己设定了一个学习任务。每天我回到家，我会用90分钟的时间来学习吉他。这是我的冥想方式，它帮助我缓解压力，让我能专注于当下。

5.8
当我第一次走上管理岗位时，我希望……

赞茜·威尔斯

当我第一次走上管理岗位时，我希望我没有伪装自己。因为我不够自信，我模仿一位男性的形象，他声音洪亮、体格健壮、超级有男子汉气概。其实我们每个人都有自己的领导风格，我希望当时能更自信一点，相信自己的能力。

迈克·艾德森

当我第一次走上管理岗位时，我希望我能知道将会发生什么。那一年我和我的搭档都刚满25岁，我们都是平面设计师，我们并不知道接下来会发生什么。

苏雷·什奈尔

当我第一次走上管理岗位时，我希望我能更自信。当我被提升时，我开始怀疑我自己："我能做到吗？"突然之间，我成了公司的管理者。在我的团队成员里，有的人工作经验比我丰富，年龄也比我大。我会在心里嘀咕着："他们会相信我的直觉和判断力吗？他们会相信我说的话吗？"

玛塞拉·科德

当我第一次走上管理岗位时，我希望我能拒绝这次机会。相比管理者的角色，我更喜欢和有创意的年轻人一起工作，我会给他们一些指导和建议。幸运的是，亚马逊公司让我可以自由选择，我避开了管理者的角色，成为一名高级的创意人员。

艾娃·杜维奈

当我第一次走上管理岗位时，我希望我能对身边的人多一点信任。在工作初期，我不相信身边的人。直到后来我发现我并不是万能的，我才开始给身边的人授予权力。我应该早点放手，让他们在各自擅长的领域，更好地发挥他们的能力。"学会授权"是一门管理的艺术，对我的帮助非常大。

邓肯·米尔纳

当我第一次走上管理岗位时，我希望我能更相信自己的创意。当我是一名创意工作者时，我对自己的作品很有信心，因为我要说服身边的人去相信我的观点。当我成为一名管理者，我要保持有开放的心态，鼓励团队成员积极地创作。我需要去激励团队成员的创造力，我对自己的作品反而没有那么自信了。这是一个艰难的转变。

埃米莉·麦克道尔

当我第一次走上管理岗位时，我希望我能和员工保持恰当的距离。我希望当时对他们说话的语气更温柔一点，我也希望自己没有那么频繁地给他们发邮件。我希望我能控制住自己，处理问题更冷静、从容一些，不要让我的压力影响到我们之间的关系。

杰夫·贾尔斯

当我第一次走上管理岗位时，我希望我能更有同情心，更有人情味。在我工作初期，我非常严厉，我打击了一些撰稿人的创作热情，以至于后来都没有再看到他们的作品。我明白了我需要更关心和在乎他们的感受。

拉维·奈都

当我第一次走上管理岗位时，我希望我能更相信自己的创作能力。我的专业是生命科学，和创意完全没有关系。虽然我在创意方面很有天赋，但我会怀疑自己，我会认为自己是一个非专业人士。

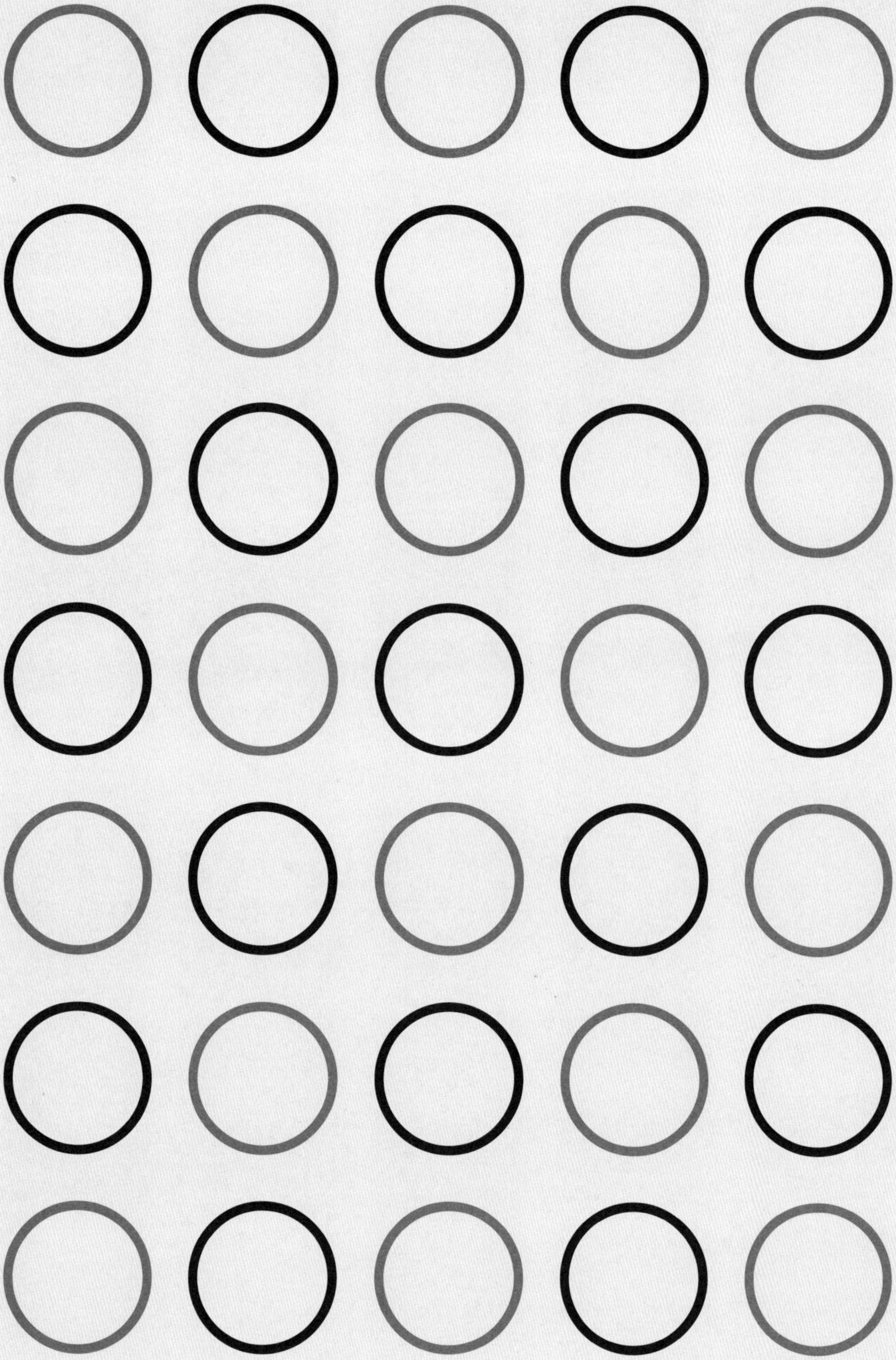

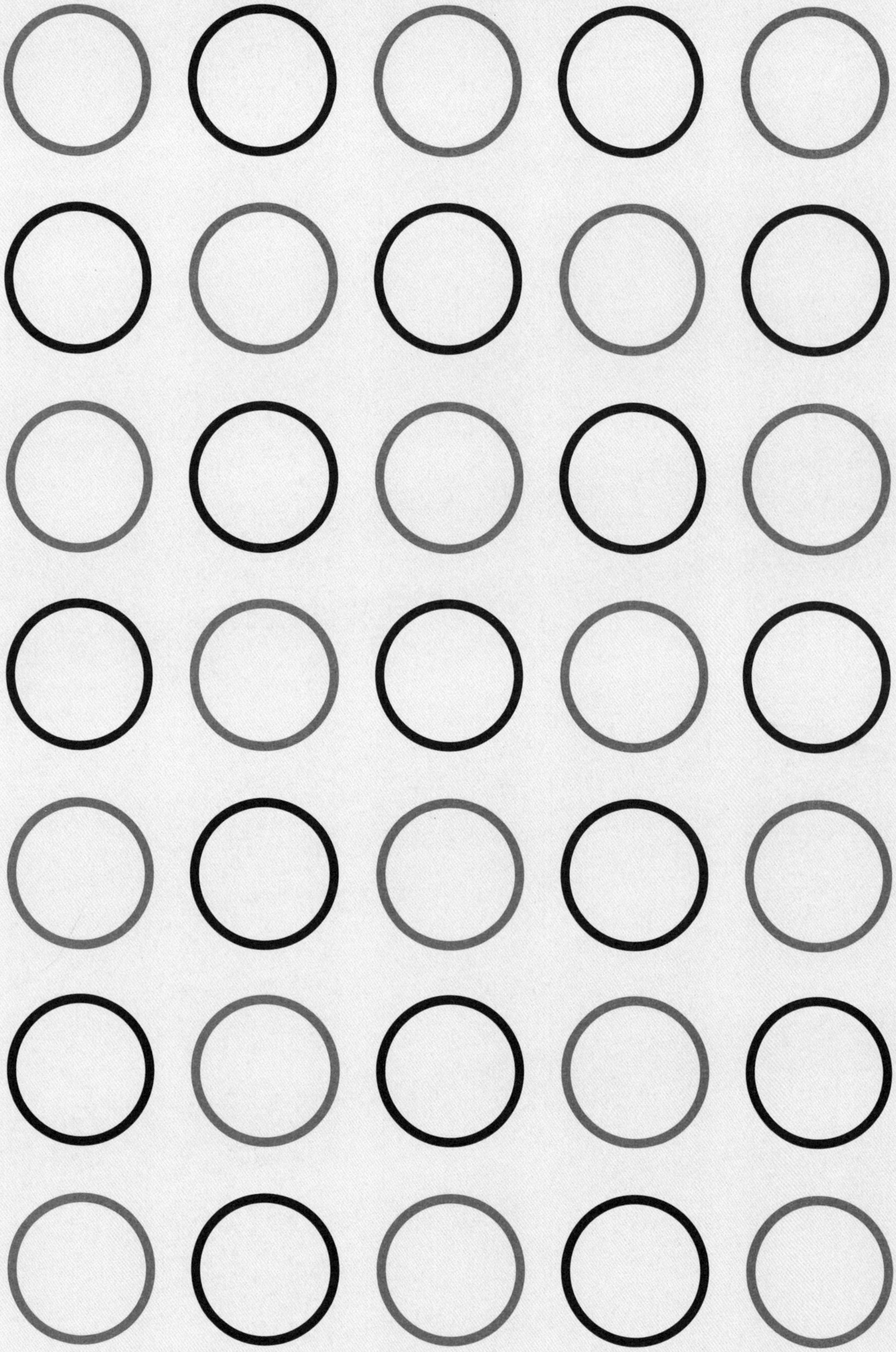